阿波羅多洛斯 Apollodorus of Athens 著　周作人 譯

周作人之
GREEK MYTHOLOGY
希臘神話

一窺希臘眾神與英雄傳說的起源

重現希臘神話的原貌，未經修飾的傳奇故事
理解西方文學不可或缺的關鍵

探索諸神、英雄與古老的傳說
走入一個充滿奇幻色彩的世界

目錄

引言 …………………………………… 005
綱要［德］華格納耳 ………………… 011
原本第一卷 …………………………… 039
原本第二卷 …………………………… 087
原本第三卷 …………………………… 141

目錄

引言

　　希臘神話是世界文學遺產的一部分。古代的神話，與小孩愛聽的童話，民間流傳的故事，以及原始民族的傳說，實質都是一樣，可以說是人類幼稚時期的小說。希臘神話本質特別好，又為希臘古代的詩文戲曲所取材，透過了羅馬文學，輸入歐洲，經了文藝復興的消化，已是深深地沁進到世界文學的組織裡去了。所以現今說起希臘神話來，這並不是希臘一國，或是宗教一方面的物事，乃是世界文學的普通知識的一部，想要理解西歐文學固然必須知道，就是單當作故事看也是很有意思的。我曾見中國報紙上登載史達林的一篇演說，說共產黨不離開人民永不會失敗，引用安泰俄斯因為是地母的兒子，在他的身子和地相接觸的時候殺不死他的故事做比喻，可見在蘇聯今日這些故事也是很熟習普遍的了。後來又聽說維辛斯基在聯合國會議上批評英國的狡猾態度，說他是兩面人耶奴斯（Janus），那又是羅馬神話裡的人物，用羅馬字寫年月的時候，寫到「正月」就要遇著他的，不意卻在這位政治家口中

引言

聽到,更覺得是很有意義的事。

現在來給希臘神話做廣告,其實都是多餘的,因為他的牌子是經過了兩千多年的考驗,大眾周知的了,重要的是拿出貨色來,這裡多少有點麻煩。東西各古國的神話傳說多存在經典裡,印度與猶太都寫了許多,唯獨希臘與中國相像,沒有他們的聖書,這也是一件好事情,可是因此使我們找不到神話的定本,一直只好看西歐人隨便編纂的書了。古代希臘有史詩,卻單是講一件事,只是赫西俄多斯(Hesiodos)的《諸神世系》(Theogonia)有整合的意思,但共總才有一千行,究竟太少一點,接著起來有散文史家,初期是講故事,應該很有意思,可惜都已失傳,總算萬幸留存了九卷史家之父赫洛多托斯(Herodotos)即希羅多德的史記。我們追蹤下去,到了西元前一世紀中才算找到了這阿波羅多洛斯(Apollodoros)的《書藏》(Bibliothêkê)。他的時代不很早了,但據現代學者的研究,他這神話集卻很可信用,蓋是依據斐瑞庫得斯(Pherekydês)而作,斐瑞庫得斯是赫洛多托斯的前輩,所著故事書十卷已逸,但據逸文看來大都與《書藏》相合,可以為證。我們不得見斐瑞庫得斯的書,現在尚能得到阿波羅多洛斯的述作,也是很可喜幸的了,雖然時代上要遲四百年,內容上有些缺少,但總之是希臘人自己所寫的,我們覺得可以懇

信。不知道什麼緣故,他對於羅馬文人轉述的神話,不加注意,簡直不一引用,這可以算是對的,因為這樣儲存了希臘人自己的神話,不至於被別國的傳說所滲雜了。這一點也是他的特色,雖然是或者出於無意識的。

關於本書弗來則有評論云,「《書藏》可以說是希臘神話及英雄傳說的一種梗概,敘述平易,不加修飾,以文學中所說為依據,作者並不說採用口頭傳說,在證據上及事實的可能上也可以相信他並不採用,這樣幾乎可以確說他是完全根據書卷的了。但他選擇最好的出處,忠實地遵從原典,只是照樣記述,差不多沒有敢想要說明,或調解原來的那些不一致或矛盾。因此他的書儲存著文獻的價值,當作一個精密的記載,可以考見一般希臘人對於世界及本族的起源與古史之信念。作者所有的缺點在一方面卻變成他的長處,去辦成他手裡的這件工作。他不是哲學家,也不是詞章家,所以他編這本書時既不至於因了他學說的關係想要改竄材料,也不會為了文章的作用想要加以藻飾。他是一個平凡的人,他接受本國的傳說,簡直照著字面相信過去,顯然別無什麼疑慮。許多不一致與矛盾他都坦然地敘述,其中只有兩回他曾表示意見,對於不同的說法有所選擇。赫斯珀里得斯的金蘋果,他說,並不在利彼亞,如人們所想,卻是在遠北,從北風那邊來的人們的國裡,

引言

但是關於這奇怪的果子和看守果子的百頭龍的存在,他似乎還是沒有什麼懷疑。他又告訴我們,在雅典那與波塞頓關於占領阿提刻的有名的競爭事件上,宙斯所指定審判這事的人,並不如人們所說,是刻克洛普斯與克剌那俄斯,也不是厄律西克同,卻是十二神明本人自己。

阿波羅多洛斯如何密切地依從他的典據,只須將他的敘述與他所引用的現存原書一比較便可明白。……他從我們見得到的那些作者的著作裡那麼忠實地去複述或節錄,這使我們也信用接受他關於作品已佚的人們的記述。在這些人中間最重要的或者是斐瑞庫得斯,他在西元前五世紀的上半生存於雅典,著有一部講希臘神話傳說的長篇散文著作,這在許多書中大概最適於為阿波羅多洛斯的《書藏》的模型與基礎。不幸斐瑞庫得斯的著作散失了,因為假如我們來從現存的少許斷篇判斷,那似乎是一個希臘神話傳說數據的寶庫,用了使我們至今欣悅的赫羅多托洛斯的那種簡單誠實的筆法寫了出來。他所包括的範圍,他所用敘述的方法,大部分與我們的著者相合。他講諸神世系,講神們與巨人的戰爭,普洛墨透斯,赫剌克勒斯,阿耳戈斯與克瑞忒的傳說,阿耳戈船的航程,阿耳卡狄亞,拉科尼亞與阿提刻的部落或家族的傳說,又像阿波羅多洛斯一樣,他似乎很注意於世系的事。阿波羅多洛斯時常引用他

的意見，我們可以相信他從這有學問的前輩一定是得益不淺。」

　　本書翻譯凡有兩次，第一次是一九三八年，第二次是一九五〇年，這是第二遍的譯本，現在略加整理，譯音一律改從希臘悲劇集所用的字，雖不甚準確，以歸一規。

　　一九五八年五月十五日，譯者記。

引言

綱要 [德] 華格納耳

第一章　諸神世系（原本第一卷一至六章）

- 天與地的兒女，百手，庫克羅普斯們，提坦們，一章一至三節。
- 提坦們攻擊，殘毀了天，厄里倪厄斯的起原，一章四節。
- 克洛諾斯與瑞亞的兒女，宙斯的誕生，一章五至七節。
- 宙斯戰勝提坦們，與兄弟們分配王國，二章一節。
- 提坦們的兒女，二章二至五節。
- 海與地的兒女，二章六至七節。
- 宙斯與赫拉，忒彌斯，狄俄涅，歐律諾墨，斯堤克斯，及藝文神女謨涅摩緒涅所生的兒女，三章一節。
- 藝文神女們的兒女，卡利俄珀的子女利諾斯與奧菲斯，三章二節。
- 克勒俄的兒子許阿鏗托斯，三章三節。

綱要 〔德〕華格納耳

- 歐忒耳珀的兒女,瑞索斯,塔勒亞的兒女,科律班忒斯們,墨爾波墨涅的兒女,賽蓮們,三章四節。
- 赫淮斯托斯,三章五節。
- 雅典那的誕生,三章六節。
- 阿斯忒里亞,勒托,阿耳忒彌斯與阿波隆的誕生,阿波隆殺了皮同,四章一節。
- 提堤俄斯,四章一節。
- 瑪耳緒阿斯,四章二節。
- 阿耳忒彌斯殺了俄里翁,四章三至五節。
- 波塞頓與安菲特里忒的兒女,四章五節。
- 哈得斯搶去波瑟芬妮,得墨忒耳來到厄琉西斯,波瑟芬妮留在哈得斯那裡,五章一至三節。
- 諸神與巨人們的戰鬥,六章一至二節。
- 堤豐,六章三節。

第二章　丟卡利翁一族（第一卷七至九章）

- 普洛墨透斯造人,為了偷火被釘在高加索山上,七章一節。
- 丟卡利翁與皮耳拉免於洪水之難,七章一至二節。

- 丟卡利翁的兒女，赫楞的兒子多洛斯，克蘇多斯，埃俄羅斯以及他們的子女，七章二至三節。
- 埃俄羅斯的女兒們以及她們的子女，珀利墨得，珀西狄刻，阿耳庫俄涅，七章三至四節。
- 卡那刻，七章四節。
- 卡呂刻，恩底彌翁，埃托洛斯，普琉戎，卡呂冬以及他們的子女，七章五至十節。
- 普琉戎的孫子俄紐斯，德伊阿妮拉與墨勒阿格洛斯的父親，八章一至二節。
- 獵取卡呂冬的野豬，墨勒阿格洛斯的死，八章二至三節。
- 俄紐斯的兒子堤丟斯，俄紐斯的死，八章四至六節。
- 埃俄羅斯的兒子以及他們的子女，阿塔瑪斯，佛里克索斯與赫勒的父親，九章一節。
- 阿塔瑪斯與伊諾的死，九章二節。
- 西緒福斯和他的石頭，九章三節。
- 得伊翁，九章四節。
- 珀里厄瑞斯，九章五節。
- 瑪格涅斯，九章六節。

綱要 〔德〕華格納耳

- 薩爾摩紐斯和他的模擬的雷，九章七節。
- 堤洛，薩爾摩紐斯的女兒，涅琉斯與珀利阿斯的母親，九章八至十節。
- 堤洛的丈夫克瑞透斯，他的孫子比阿斯與先知墨蘭浦斯，九章十一至十三節。
- 克瑞透斯的孫子，菲瑞斯的兒子，阿爾刻提斯的丈夫阿德墨托斯，九章十四至十五節。
- 克瑞透斯的孫子，埃宋的兒子伊阿宋，被珀利阿斯派遣去取金羊毛，九章十六節。
- 阿耳戈航海者，阿耳戈船的建造，航海者人名，九章十六節。
- 阿耳戈航海者在楞諾斯島停泊，九章十七節。
- 他們誤殺了多利俄斯人的王庫最科斯，九章十八節。
- 他們留下赫剌克勒斯與坡呂斐摩斯在密西亞島，九章十九節。
- 波呂丟刻斯打勝柏布律刻斯人的王阿密科斯，九章二十節。
- 在薩耳密得索斯，他們給菲紐斯除掉了哈耳皮埃，九章二一節。

- 他們經過撞巖，九章二二節。
- 他們為瑪利安底諾斯人的王呂科斯所款待，九章二三節。
- 他們到科爾喀斯，伊阿宋得了墨得亞的幫助，馴伏了公牛，消滅了地生人，拿去金羊毛，阿耳戈航海者同了墨得亞出發，九章二三至二四節。
- 他們駛過了厄里達諾斯，宙斯使得他們飄流，由喀耳刻給他們祓除了謀害阿普緒耳托斯的罪惡，九章二四節。
- 他們駛過了賽蓮們，斯庫拉與卡呂布狄斯，來到淮阿喀斯人那裡，九章二五節。
- 他為光明的阿波隆建立神壇，除滅了克瑞忒島的青銅守護人塔洛斯，九章二六節。
- 阿耳戈航海者的回家，珀利阿斯的死，九章二六至二七節。
- 伊阿宋與墨得亞逃往科王托斯，墨得亞謀害了伊阿宋的新娘格勞刻和她自己的兒女，逃到雅典在埃勾斯那裡避難，和他生了一個兒子墨多斯，末後回到她的故國，九章二八節。

綱要 ［德］華格納耳

第三章　伊那科斯一族（第二卷一至八章）

- 伊那科斯的兒子埃癸阿琉斯與佛洛紐斯，佛洛紐斯的子女，阿耳戈斯與珀拉斯戈斯，多眼睛的阿耳戈斯，一章一節。
- 伊俄的遊行，一章二至四節。
- 她的曾孫阿革諾耳與柏羅斯，一章四節。
- 柏羅斯的兒女，達那俄斯與埃及普托斯，一章四節。
- 埃及普托斯的兒子們與達那俄斯的女兒們的結婚，併名單，一章四至五節。
- 阿密摩涅的兒子，壞船的瑙普利俄斯，一章五節。
- 林叩斯與許珀耳涅斯特拉的孫子，阿克里西俄斯與普洛托斯，二章一節。
- 普洛托斯的女兒們由墨蘭浦斯醫好風狂，二章二節。
- 柏勒洛豐除滅喀邁拉，三章一至二節。
- 阿克里西俄斯的女兒達那厄同了她的嬰孩珀耳修斯飄流到塞里福斯，四章一節。
- 珀耳修斯為波呂得克忒斯所派遣，來到三老媼與神女那裡，去殺了墨杜薩，四章二節。
- 救助安朵美達，懲罰波呂得克忒斯，四章三節。

- 回到本國,偶然殺死了阿克里西俄斯,四章四節。
- 珀耳修斯的家族,珀耳修斯孫子歐律斯透斯的誕生,四章五節。
- 珀耳修斯的兒子厄勒克特律翁與忒勒珀亞人的戰爭,珀耳修斯的孫子安菲特律翁偶然殺死了厄勒克特律翁,四章六節。
- 安菲特律翁同了阿爾克墨涅往忒拜,除了卡德墨亞的狐狸,與塔福斯人打仗,金髮的普忒瑞拉俄斯為他的女兒所殺,四章六至七節。
- 宙斯與阿爾克墨涅的兒子赫剌克勒斯殺了赫拉所派遣來的大蛇,四章八節。
- 赫剌克勒斯的教育,四章九節。
- 赫剌克勒斯殺了喀泰戎的獅子,四章九至十節。
- 征服彌倪亞人,娶了墨伽拉,從諸神得到兵甲,四章十一節。
- 發狂,殺了他的兒女,被阿波隆送至歐律斯透斯那裡,四章十二節。
- 赫剌克勒斯的十二件工作,其一,他扼死了涅墨亞的獅子,受到摩羅耳科斯的款待,五章一節。

綱要 〔德〕華格納耳

- 其二,他同了伊俄拉俄斯除滅勒耳柰的水蛇,殺了那螃蟹,五章二節。
- 其三,他打傷捉得了刻律尼忒斯的鹿,五章三節。
- 其四,他捉得了厄律曼托斯的野豬,殺了肯陶洛斯們,中有福羅斯,以及刻戎,五章四節。
- 其五,他清除了奧革阿斯的牛房,五章五節。
- 其六,他射了斯廷法利斯的鳥,五章六節。
- 其七,他把克瑞忒的公牛帶來給歐律斯透斯,五章七節。
- 其八,他搶走了特剌刻人的王狄俄墨得斯的馬,五章八節。
- 其九,他得到希波呂忒的腰帶,五章九節。
- 其十,他從厄律忒亞趕走了革律翁的牛群,五章十節。
- 其十一,他從北風以外人的地方取了赫斯珀里得斯的蘋果,帶到密刻柰來,五章十一節。
- 其十二,他從冥士捉來了刻耳珀洛斯狗,五章十二節。
- 赫剌克勒斯向歐律托斯的女兒伊俄勒求婚不成,於發狂中殺死了伊菲托斯,六章一至二節。

- 為了得爾福的鼎與阿波隆爭鬥，給翁法勒服役三年，六章二至三節。
- 同了忒拉蒙，攻占了特洛亞，六章四節。
- 他毀壞了科斯島，七章一節。
- 他打勝了奧革阿斯，七章二節。
- 攻占了皮洛斯，與拉刻代蒙人打仗，七章三節。
- 強汙了奧革，忒勒福斯的棄置，七章四節。
- 他娶了德伊阿妮拉，七章五節。
- 為卡呂刻人去與忒斯普洛提斯人打仗，打發他的兒子往薩耳狄尼亞，酒宴中殺了歐諾摩斯，同了德伊阿妮拉出發往特剌喀斯去，在渡頭殺了涅索斯，七章六節。
- 殺了提俄達瑪斯的牛，為埃癸彌俄斯與拉庇泰人打仗，殺了庫克諾斯與阿明托耳，他攻占俄卡利亞，搶去伊俄勒，為德伊阿妮拉所給予的毒衫所中，在俄忒山上自行火化，升至天上他娶了宙斯的女兒赫柏，七章七節。
- 赫剌克勒斯的子女的名單，七章八節。
- 赫剌克勒斯的子姓逃到刻宇克斯，隨後到雅典人那裡，因了他們的幫助打勝了歐律斯透斯，八章一節。

綱要 〔德〕華格納耳

- 他們占領了珀羅蓬涅索斯，又復放棄了，特勒波勒摩斯往洛得斯去，因為誤解了乩示，赫剌克勒斯的子姓再圖攻服珀羅蓬涅索斯，終於不成，八章二節。
- 後來在第三代，忒墨諾斯，克瑞斯豐忒斯，阿裡斯托得摩斯建造船隻，再圖攻擊珀羅蓬涅索斯，但是殺害了一個先知，他們的計畫失敗了，八章二至三節。
- 十年以後，赫剌克勒斯的子姓在俄克緒羅斯的領導之下，征服了珀羅蓬涅索斯，將土地拈鬮分占了，八章三至五節。
- 忒墨諾斯與克瑞斯豐忒斯的死，八章五節。

第四章 阿革諾耳一族（歐羅珀）（第三卷一至三章）

- 阿革諾耳的兒女，歐羅珀被宙斯所搶去，福尼克斯，喀利克斯，卡德摩斯與塔索斯被派遣出去找她回來，各在腓尼基，喀利喀亞，特剌刻及塔索斯地方住下了，一章一節。
- 歐羅珀的子女，彌諾斯，薩耳珀冬，剌達曼堤斯，一章二節。
- 歐羅珀的丈夫阿斯忒里俄斯死後，彌諾斯繼承了克瑞忒的王位，他的妻帕西法厄愛上了波塞頓從海裡送來

的一頭公牛，生育了彌諾陶洛斯，一章三至四節。

- 彌諾斯的孫子阿爾塔墨涅斯同了他的姊妹阿珀摩緒涅定居於羅得斯，偶然殺害了他的父親卡特柔斯，二章一至二節。
- 彌諾斯的兒子格勞科斯，他的死與復活，三章一至二節。

第五章　阿革諾耳一族（卡德摩斯）（第三卷四至七章）

- 卡德摩斯跟了一頭牛走，建設忒拜，殺了阿瑞斯的大蛇，制服了地生人兄弟，四章一至二節。
- 卡德摩斯與哈耳摩尼亞的子女，奧托諾厄，伊諾，塞墨勒，阿高厄，坡呂多洛斯，塞墨勒與宙斯，狄俄倪索斯的誕生與長成，四章二至三節。
- 奧托諾厄的兒子阿克泰翁和他的狗，四章四節。
- 狄俄倪索斯的旅行，五章一至三節。
- 卡德摩斯與哈耳摩尼亞在伊呂里亞的結局，五章四節。
- 坡呂多洛斯的子女，拉布達科斯，萊俄斯，呂科斯與狄耳刻，為安提俄珀與宙斯所生的兒子仄托斯與安菲翁所殺，五章五節。

綱要 ［德］華格納耳

- 尼俄柏與她的子女，哭泣的石頭，五章六節。
- 伊底帕斯，他的誕生與棄置，殺父，斯芬克斯的謎，亂倫，流亡與在阿提刻的死亡，五章七至九節。
- 七人攻忒拜，波呂涅刻斯為厄忒俄克勒斯所驅逐，娶了阿德剌斯托斯的女兒，六章一節。
- 厄里皮勒收了波呂涅刻斯的金項圈，勸安菲阿剌俄斯參加戰爭，六章二節。
- 首領名單，六章三節。
- 俄斐爾忒斯死後，建立涅墨亞競技大會，六章四節。
- 遣堤丟斯為使者往忒拜，六章五節。
- 攻城為忒拜人所敗，六章六至八節。
- 安提戈涅的英勇與死，首領的死體為忒修斯所葬，歐亞德涅死於火葬堆上，七章一節。
- 厄庇戈諾伊（後生們）攻占忒拜，忒瑞西阿斯的死，七章二至四節。
- 阿爾克邁翁，他的殺母，風狂，遊行與死，他的妻卡利洛厄，他的子女安菲洛科斯與提西福涅，七章五至七節。

第六章　珀拉斯戈斯一族（第三卷八至九章）

- 珀拉斯戈斯的兒子呂卡翁，以及他的兒子們，除最幼的倪克提摩斯外，因為不敬被宙斯霹靂所打，八章一至二節。
- 呂卡翁的女兒卡利斯托，阿耳卡斯的母親，變形為熊，八章二節。
- 阿耳卡斯的子女，忒勒福斯的母親奧革，九章一節。
- 阿塔蘭忒的求婚人，墨拉尼翁與金蘋果，九章二節。

第七章　阿特拉斯一族（第三卷十至十二章六節）

- 普勒伊阿得斯，十章一節。
- 邁亞的兒子赫耳墨斯，他幼小時的作為，十章二節。
- 塔宇革忒的子女，拉刻代蒙，許阿鏗托斯，林叨斯與伊達斯。琉喀波斯的女兒之中，阿耳西諾厄成為阿斯克勒庇俄斯的母親，阿斯克勒庇俄斯由刻戎教育，因醫術為宙斯用霹靂所打。阿波隆殺了庫克羅普斯們，給阿德墨托斯服役一年，十章三至四節。
- 希波科翁的子女，伊卡里俄斯的，廷達瑞俄斯的子女，海倫的誕生，十章四至七節。

綱要 〔德〕華格納耳

- 海倫為忒修斯所搶去,但被卡斯托耳與波呂丟刻斯所救,十章七節。
- 海倫的求婚人,與墨涅拉俄斯的結婚,十章八至九節。
- 墨涅拉俄斯的子女,十一章一節。
- 卡斯托耳與波呂丟刻斯和伊達斯與林叩斯的戰鬥,升至神的中間,彼此輪番在上下界居住,十一章二節。
- 阿特拉斯的女兒厄勒克特拉,她的子女,十二章一節。
- 伊阿西翁與達耳達諾斯以及他的兒子伊羅斯與厄里克托尼俄斯,厄里克托尼俄斯的兒子特洛斯,伊羅斯的父親阿薩剌科斯,蓋尼米德,十二章二節。
- 伊羅斯跟了一頭牛走,建立特洛亞,得到了帕拉狄翁木像,帕拉狄翁的來源,伊羅斯的兒子拉俄墨冬,提托諾斯與普里阿摩斯的父親,十二章三節。
- 提托諾斯與曙光,普里阿摩斯的子女,埃薩科斯,赫克托耳,帕里斯,卡珊德拉與其他,十二章四至五節。
- 赫克托耳與安德洛瑪刻,帕里斯與俄諾涅,十二章六節。

第八章　阿索波斯一族（第三卷十二章六節至十三章）

- 阿索波斯的子女，伊斯墨諾斯，珀拉工，以及二十個女兒，其中埃癸那為宙斯所搶去，十二章六節。
- 埃癸那的兒子埃阿科斯，他的正直，他的求雨，為珀琉斯與忒拉蒙的父親，他們為了殺害他們的兄弟福科斯而被放逐，忒拉蒙成為薩拉彌斯的王，為埃阿斯與透克洛斯的父親，十二章六至七節。
- 珀琉斯來到佛提亞，參加獵取卡呂冬的野豬，偶然殺害了歐律提翁，由阿卡斯托斯為之祓除，為阿卡斯托斯妻阿斯堤達墨亞所誣陷，在珀利翁山上打獵，被刻戎所救免於肯陶洛斯之害，十三章一至三節。
- 珀琉斯與忒提斯的結婚，十三章四至五節。
- 阿基里斯的養育，十三章六至八節。
- 福尼克斯，帕特洛克羅斯，十三章八節。

第九章　雅典諸王（第三卷十四至十五章）

- 一，刻克洛普斯，地生人。雅典那與波塞頓競爭作雅典的守護，十四章一節。
- 刻克洛普斯的子女，厄律西克同，阿格勞羅斯，赫耳塞，潘德洛索斯，十四章二節。

綱要 ［德］ 華格納耳

- 赫耳塞的兒子刻法羅斯，喀倪里斯的先祖，十四章三節。
- 喀倪里斯的兒子阿多尼斯，為阿芙蘿黛蒂所愛，被野豬所殺死，十四章三至四節。
- 二，克剌那俄斯，地生人，克剌那厄，克剌奈克墨與阿提斯的父親，十四章五節。
- 三，安菲克堤翁，地生人，或是丟卡利翁的兒子，十四章六節。
- 四，厄里克托尼俄斯，赫淮斯托斯與阿提斯或是雅典那所生的兒子，在高城上供奉雅典那的像，並建立潘雅典那亞的祭典，十四章六節。
- 五，潘狄翁，厄里克托尼俄斯的兒子，他在位時得墨忒耳來至厄琉西斯的刻勒俄斯那裡，狄俄倪索斯來至伊卡里俄斯那裡，十四章七節。
- 潘狄翁的女兒普洛克涅與菲羅墨拉，十四章八節。
- 六，厄瑞克透斯，潘狄翁的兒子，他的做祭司的兄弟蒲忒斯，他的子女，十五章一節。
- 克托尼亞，普洛克里斯與刻法羅斯，十五章一節。
- 俄瑞堤亞與玻勒阿斯，十五章二節。
- 克勒俄帕特拉與菲紐斯，十五章三節。

- 喀俄涅的兒子歐摩耳波斯，十五章四節。
- 厄瑞克透斯與厄琉西斯打仗，殺了一個女兒祭獻，殺死了歐摩耳波斯，十五章四至五節。
- 七，刻克洛普斯，厄瑞克透斯的兒子，十五章五節。
- 八，潘狄翁，刻克洛普斯的兒子，為墨提翁的兒子們所逐，逃往墨伽拉，十五章五節。
- 九，埃勾斯，潘狄翁的兒子，同了他的兄弟們回到雅典，十五章五至六節。
- 在特洛曾，因了埃特拉生了忒修斯，十五章六至七節。
- 他差彌諾斯的兒子安德洛勾斯去攻瑪剌同的公牛，十五章七節。
- 彌諾斯向墨伽拉和雅典作戰，十五章七至八節。
- 許阿鏗托斯的女兒們在雅典被用於祭祀，十五章八節。
- 彌諾斯責令雅典人每年貢獻少年男女於彌諾陶洛斯，代達羅斯建造迷宮，十五章八節。
- 十，忒修斯，見下。

綱要 〔德〕華格納耳

第十章 忒修斯（第三卷十六章至節本第一章）

- 忒修斯長成後離特洛曾往雅典，殺了珀里菲忒斯，西尼斯，十六章一至二節。
- 他殺了克戎密翁的豬，斯刻戎，刻耳庫翁，與達瑪斯忒斯，節本一章一至四節。
- 埃勾斯受了墨得亞的唆使，差忒修斯去攻瑪剌同的公牛，又給他一杯毒藥，五至六節。
- 忒修斯因了阿里阿德涅的幫助，制服了彌諾陶洛斯，同阿里阿德涅逃走，在那克索斯將她讓給了狄俄倪索斯，七至九節。
- 埃勾斯死後，他繼承雅典王位，十至十一節。
- 代達羅斯同他的兒子伊卡洛斯從迷宮逃走，伊卡洛斯掉在海裡，但代達羅斯到了科卡羅斯的宮廷，科卡羅斯的女兒們殺了彌諾斯，十二至十五節。
- 忒修斯娶了一個阿瑪宗女人，隨後娶了淮德拉，他的兒子希波呂托斯的死，十六至十九節。
- 伊克西翁與他的車輪，二十節。
- 肯陶洛斯們與拉庇泰人的戰鬥，二一節。（此係據仄諾比俄斯增補者。）

- 卡紐斯，二二節。
- 忒修斯與珀里托俄斯下到冥土，但為赫剌克勒斯所救出，在被逐出雅典之後，為呂科墨得斯所謀殺，二三至二四節。

第十一章　珀羅普斯一族（節本第二章）

- 坦塔洛斯在冥土，一節。
- 布洛忒阿斯，二節。
- 珀羅普斯因了密耳提羅斯的幫助，勝了俄諾瑪俄斯，娶了希波達墨亞，殺死密耳提羅斯，占有珀羅蓬涅索斯，三至九節。
- 珀羅普斯的兒子，阿特柔斯與堤厄斯忒斯，（金羊羔，人肉宴，埃癸斯托斯），十至十四節。
- 阿特柔斯的兒子阿加曼農與墨涅拉俄斯，為坡呂菲得斯與俄紐斯所收養，十五節。（此係據仄仄斯增補。）
- 阿加曼農娶了克呂泰涅斯特拉，墨涅拉俄斯娶了海倫，十六節。

綱要 〔德〕華格納耳

第十二章 荷馬史詩前（節本第三章）

- 宙斯決意引起戰事，一節。
- 不和的蘋果由帕里斯給了阿芙蘿黛蒂，帕里斯拐走了海倫，在腓尼基和庫普洛斯逗留之後，回到特洛亞，二至四節。
- 海倫留下在埃及普洛透斯那裡，五節。
- 墨涅拉俄斯與阿加曼農召集希臘諸王出征，俄底修斯假裝瘋狂，喀倪剌斯打發玩具的船隻，出酒的女人，六至十節。
- 船隻清單，十一至十四節。
- 在奧利斯的預兆，十五節。
- 阿加曼農與阿基里斯被選為首領，十六節。
- 密西亞的戰事，忒勒福斯為阿基里斯所傷，希臘人的歸國，十七至十八節。
- 在海倫被拐十年之後，希臘人重複集合，忒勒福斯為阿基里斯所醫好，給他們引路，十九至二十節。
- 伊菲革涅亞在奧利斯被祭獻於阿耳忒彌斯，為女神所救，帶到陶里卡，二一至二二節。
- 希臘人到了忒涅多斯，二三節。

- 忒涅斯與他的後母，二四至二五節。
- 忒涅斯為阿基里斯所殺，二六節。
- 菲羅克忒忒斯為蛇所咬，被放置於楞諾斯，二七節。
- 俄底修斯與墨涅拉俄斯要求歸還海倫，二八節。
- 希臘人在特洛亞登陸，打退特洛亞人，普洛忒西拉俄斯的死與拉俄達墨亞，庫克諾斯的死，特洛亞人被圍，二九至三一節。
- 阿基里斯殺了特洛伊羅斯，抓住呂卡翁，殺了墨斯托耳之後，趕走埃涅阿斯的牛群，三二節。
- 阿基里斯所攻略的城市，三三節。
- 在第十年，特洛亞人得到同盟軍的援助，三四至三五節。

第十三章　伊利阿德史詩（節本第四章）

- 阿基里斯的發怒，墨涅拉俄斯與帕里斯的戰鬥，一節。
- 狄俄墨得斯傷了阿芙蘿黛蒂，在戰場遇見了格勞科斯。埃阿斯與赫克托耳的戰鬥，二節。
- 希臘人潰走，遣使者到阿基里斯那裡，三節。
- 俄底修斯與狄俄墨得斯殺了多隆，四節。

綱要 ［德］華格納耳

- 赫克托耳攻希臘船，五節。
- 帕特洛克羅斯的死，六節。
- 阿基里斯從忒提斯得到兵甲，趕走特洛亞人，殺了赫克托耳，帕特洛克羅斯的埋葬，普里阿摩斯贖取赫克托耳的死體，七節。

第十四章　荷馬史詩後（節本第五章）

- 彭忒西利亞為阿基里斯所殺，忒耳西忒斯的死，一至二節。
- 阿基里斯殺了門農，但為阿波隆與帕里斯所射殺，三節。
- 他的死體與兵甲為埃阿斯與俄底修斯所救，四節。
- 阿基里斯的埋葬，五節。
- 埃阿斯與俄底修斯對於阿基里斯的兵甲的競爭，埃阿斯的死與埋葬，六至七節。
- 依了卡爾卡斯的預言，俄底修斯與狄俄墨得斯將菲羅克忒忒斯找來，他射死了帕里斯，八節。
- 得福玻斯與赫勒諾斯關於海倫婚姻問題發生爭執，依了卡爾卡斯的意見，俄底修斯在伊得斯山上捕獲赫勒諾斯，赫勒諾斯乃為希臘人預言關於特洛亞陷落的

事,九至十節。

- 因了赫勒諾斯的話,希臘人將珀羅普斯的骨頭搬來,俄底修斯與福尼克斯從斯庫洛斯找到涅俄普托勒摩斯,他殺了忒勒福斯的兒子歐律皮羅斯,俄底修斯與狄俄墨得斯偷來特洛亞的帕拉狄翁,十一至十三節。

- 依了俄底修斯的意見,厄珀俄斯製造了木馬,裡邊藏著戰士,希臘人留下西農,都退到忒涅多斯,十四至十五節。

- 特洛亞人拉木馬入城,雖有拉俄科翁與卡珊德拉的勸阻,他們決意供獻於雅典那,十六至十七節。

- 拉俄科翁的兒子們為大蛇所殺,十八節。

- 西農舉起訊號,希臘人復回,海倫至木馬旁,對希臘首領說話,十九節。

- 戰士從木馬上下來,給希臘人開了城門,二十節。

- 特洛亞的劫略,普里阿摩斯,格勞科斯,埃涅阿斯,海倫,埃特拉,卡珊德拉,二一至二二節。

- 掠物的俵分,阿斯堤阿那克斯與坡呂克塞那的殺害,卡珊德拉,安德洛瑪刻與赫卡柏的運命,拉俄狄刻於地震中為地所吞沒,埃阿斯大不敬的審判,二三節。

綱要 〔德〕華格納耳

第十五章　歸家（節本第六章）

- 阿加曼農與墨涅拉俄斯關於歸家起了爭執，狄俄墨得斯，涅斯托耳與墨涅拉俄斯一同出發，一節。

- 安菲洛科斯，卡爾卡斯，勒翁透斯，波呂波忒斯與波達勒里俄斯由陸路往科洛豐，在那裡卡爾卡斯比賽技術失敗而死，由伴侶為之埋葬，二至四節。

- 阿加曼農的舟師在忒涅斯海面為風暴所分散，埃阿斯的壞船，死與埋葬，五至六節。

- 許多人都壞船死亡，因為瑙普利俄斯在卡菲琉斯海峽設了假的炬火所致，七節。

- 瑙普利俄斯，為了他兒子的死而設的報復計劃，八至十一節。

- 涅俄普托勒摩斯由陸路往摩羅西亞，路上埋葬了福尼克斯，赫勒諾斯同了得達墨亞留在摩羅西亞，在珀琉斯死後涅俄普托勒摩斯繼承了佛提亞的王位，從俄瑞斯忒斯奪取了赫耳彌俄涅，乃在得爾福為俄瑞斯忒斯所殺，十二至十四節。

- 在卡菲琉斯海峽免於壞船之難的首領們的飄流，十五節，又十五甲乙丙。（此三節係據仄仄斯增補。）

- 得摩豐與費利斯的戀愛，十六至十七節。

- 波達勒里俄斯與乩示，十八節。
- 安菲洛科斯，十九節。
- 洛克里斯人所派遣的處女，在一千年間至特洛亞服役於雅典那，二十至二二節。
- 阿加曼農回家後，為埃癸斯托斯與克呂泰涅斯特拉所謀害，二三節。
- 俄瑞斯忒斯為斯特洛菲俄斯所養育，因了皮拉得斯的幫助，殺害了克呂泰涅斯特拉與埃癸斯托斯，他為厄里倪厄斯所苦，但在阿瑞俄帕戈斯審判被放免了，二四至二五節。
- 俄瑞斯忒斯因了皮拉得斯的幫助，將伊菲革涅亞以及阿耳忒彌斯像由陶里卡帶回至希臘，二六至二七節。
- 俄瑞斯忒斯的子女和他的死，二八節。
- 墨涅拉俄斯在飄流很久之後到了埃及，他在那裡從普洛透斯找回了海倫，在八年之後回到斯巴達，死後他同海倫被容納於樂土，二九節。

第十六章　俄底修斯的飄流（節本第七章）

- 俄底修斯遊行於利彼亞，或云西喀利亞，或大洋，或堤瑞尼亞云，一節。

綱要 〔德〕華格納耳

- 俄底修斯從特洛亞出發，與喀科涅斯人戰鬥，二節。
- 吃羅托斯的人，三節。
- 與庫克羅普斯波呂菲摩斯的冒險，四至九節。
- 風的國王埃俄羅斯的島，十至十一節。
- 吃人的萊斯特律戈涅斯，十二至十三節。
- 巫女喀耳刻，十四至十六節。
- 往冥土去，十七節。
- 賽蓮們，十八至十九節。
- 斯庫拉與卡呂布狄斯，二十至二一節。
- 太陽的牛群，壞船，漂至卡呂布狄斯，二二至二三節。
- 卡呂普索的島，木筏，阿耳喀諾俄斯與淮阿喀亞人，俄底修斯的回鄉，二四至二五節。
- 珀涅羅珀的求婚人，二六至三一節。
- 歐邁俄斯，墨蘭提俄斯，乞丐伊洛斯，三二節。
- 求婚人的殺害，三三節。
- 俄底修斯在忒斯普洛提亞舉行了忒瑞西阿斯所吩咐的祭祀，娶了女王卡利狄刻，三四至三五節。
- 俄底修斯偶然為他的兒子忒勒戈諾斯所殺，忒勒戈諾斯帶了他父親的死體與珀涅羅珀到喀耳刻那裡，她將

他們送往福人島去了,三六至三七節。

- 別的關於珀涅羅珀與俄底修斯的故事,說珀涅羅珀為安提諾俄斯所汙,只此被送還給她父親伊卡里俄斯,在曼提涅亞地方,產生了潘,這乃是給赫耳墨斯所生的,三八節。
- 安菲諾摩斯為俄底修斯所殺,據說他曾汙了珀涅羅珀,三九節。
- 俄底修斯因為殺害求婚人,為涅俄普托勒摩斯審判流放,乃移居埃托利亞,在那裡因了托阿斯的女兒生了一個兒子勒翁托福諾斯,活至老年乃死。四十節。

纲要 ［德］华格纳耳

原本第一卷

第一章

一　烏拉諾斯是第一個管領全宇宙的人。他與伽亞結了婚,最初生了那些被稱為百隻手的,即是布里阿瑞俄斯,古厄斯,科托斯,他們在身材和力量上面沒有人能相比得過,各有一百隻手和五十個頭。

二　在這之後,伽亞給他生了那些庫克羅普斯,即是阿耳革斯,斯特洛珀斯,布戎忒斯,他們各有一隻眼睛在他們的前額上。但是烏拉諾斯把他們都捆縛了,扔到塔耳塔洛斯裡去,那是在冥土的一個幽暗的地方,其與地面相去的距離正與地面之與天上相去一樣。

三　他又因了伽亞生了那些被稱為提坦涅斯的兒子,即是俄刻阿諾斯,科俄斯,海柏利昂,克勒俄斯,和那頂幼小的克洛諾斯,又有那些被叫做提坦尼斯的女兒,即是忒提斯,瑞亞,忒彌斯,謨涅摩緒涅,福柏,狄俄涅,忒亞。

四　但是伽亞因了她的那些被扔到塔耳塔洛斯裡去的兒子們的苦難很是悲憤,便勸那提坦們去攻擊他們的父親,她給了克洛諾斯一把不屈金剛石的鐮刀。他們於是除

俄刻阿諾斯外都起來攻擊他，克洛諾斯劈下了他父親的男根，把它扔下海裡去。從那流出的血的點滴生了那些厄里倪厄斯（報復神女），即是阿勒克托，提西福涅，墨伽拉。既然奪下了（烏拉諾斯的）政權，他們把那些被扔在塔耳塔洛斯裡的兄弟們放了上來，又將政權交付了克洛諾斯。

五　但是他還將他們捆縛了，關在塔耳塔洛斯裡。他娶了他的姊妹瑞亞，因為伽亞與烏拉諾斯都預示給他過，說將被自己的兒子所奪去政權，他便把生下的兒女都吞吃了。他吞吃了他的頭生的女兒赫斯提亞，隨後，得墨忒耳與赫拉，她們之後是普路同與波塞頓。

六　瑞亞因此生了氣，在懷孕宙斯的時候，她走到克瑞忒島去，在狄克忒的山洞內產生了宙斯。她把他交給枯瑞忒斯，以及墨利修斯的女兒們，阿德剌斯忒亞和伊達兩個神女去撫養。

七　於是神女們用了阿瑪爾忒亞的奶來餵養這小孩，那武裝的枯瑞忒斯們守護山洞內的嬰孩，用他們的槍撞那盾牌，使得克洛諾斯聽不見小孩的叫聲。瑞亞卻把一塊石頭包了襁褓，給克洛諾斯去吞吃，好像是新生的小孩似的。

第二章

一　在宙斯長大了的時候，他得到俄刻阿諾斯的女兒墨提斯做幫手，她給克洛諾斯一服藥吃，因此他被逼得吐出來，最初是那塊石頭，隨後是他所吞吃的那些兒女，宙斯聯合他們便去同克洛諾斯和提坦們開戰。他們打仗打了十年，伽亞預言宙斯會得勝利，假如他能得那些被扔到塔耳塔洛斯裡去的人做幫手。他於是殺了他們的女禁子坎珀，解除了他們的捆縛。庫克羅普斯們將雷電和霹靂給了宙斯，又給普路同一頂盔，波塞頓一柄三尖叉。他們這樣地武裝了，打勝了提坦們，把他們關閉在塔耳塔洛斯裡，命令那百隻手們充當看守。他們自己卻來拈鬮分配政權，於是宙斯得到了天上的主權，波塞頓得到了海的，普路同得到了冥土的主權。

二　那提坦們生了些兒女，俄刻阿諾斯與忒提斯之間有那俄刻阿亞尼得斯，即是阿西亞，斯堤克斯，厄勒克忒拉，多里斯，歐律諾墨，安菲特里忒，墨提斯。科俄斯與福柏之間有阿斯忒里亞，與勒托。海柏利昂與忒亞之間有厄俄斯（曙光），赫利俄斯（日），塞勒涅（月）。克勒俄斯

與蓬托斯的女兒歐律比亞之間有阿斯德萊俄斯，帕拉斯，珀耳塞斯。

　　三　伊亞珀托斯與阿西亞之間有阿特拉斯，他在肩上扛著那天空，普洛墨透斯與厄庇墨透斯，墨諾提俄斯，宙斯與提坦們之戰裡用霹靂打他，扔到塔耳塔洛斯裡去的。

　　四　克洛諾斯與菲呂拉之間有刻戎，是「人馬」二形的肯陶洛斯。厄俄斯與阿斯德萊俄斯之間有各方的風與各種的星。珀耳塞斯與阿斯忒里亞之間有赫卡忒。帕拉斯與斯堤克斯之間有尼刻（勝利），克剌托斯（統治），仄洛斯（競爭），比阿斯（暴力）。

　　五　宙斯叫諸神憑了從冥土的一個岩石間流出來的斯堤克斯河的水立誓，他給她這個榮譽，因為她和她的子女幫了他與提坦們打仗的緣故。

　　六　蓬托斯與伽亞之間有福耳科斯，陶瑪斯，涅羅斯，歐律比亞，刻托。再說陶瑪斯與厄勒克特拉之間有伊里斯與哈耳皮埃們，即阿厄羅與俄庫珀忒。福耳科斯與刻托之間有那福耳喀得斯與戈耳戈們，關於她們以後還要談到，在說珀耳修斯的時候。

　　七　涅羅斯與多里斯之間有那涅瑞得斯們，她們的名字是庫摩托厄，斯珀俄，格勞科諾墨，瑙西托厄，哈利

厄，厄剌托，薩俄，安菲特里忒，歐尼刻，忒提斯，歐利墨涅，阿考厄，歐多瑞，多托，珀路薩，伽拉忒亞，阿克泰厄，磅蓬托墨杜薩，希波托厄，呂西阿那薩，庫摩，厄阿涅，哈利墨得，普勒克騷瑞，歐克然忒，普洛托，卡呂普索，帕諾珀，克然托，涅俄墨里斯，希波諾厄，伊阿涅拉，波呂諾墨，奧托諾厄，墨利忒，狄俄涅，涅賽厄，得洛，歐阿戈瑞，普薩瑪忒，歐摩爾珀，伊俄涅，底那墨涅，刻托，林諾瑞亞。

第三章

一　宙斯娶了赫拉，生了赫柏，厄勒堤亞，阿瑞斯，但是他又與許多凡人與神人的婦女有關係。他和烏拉諾斯的女兒忒彌斯生了那些女兒，歲時神女們，即是厄瑞涅，歐諾彌亞，狄刻，還有那運命神女們，即是克羅托，拉刻西斯，阿特洛波斯；和狄俄涅生了阿芙蘿黛蒂；和俄刻阿諾斯的女兒歐律諾墨生了那美惠神女們，即是阿格萊亞，歐佛洛緒涅，塔勒亞；和斯堤克斯生了波瑟芬妮；和謨涅摩緒涅生了那藝文神女們，最初是卡利俄珀，隨後是克勒俄，墨爾波墨涅，歐忒耳珀，厄剌托，忒耳普西科瑞，烏剌尼亞，塔勒亞，波呂讚尼亞。

二　卡利俄珀與俄阿格洛斯，或名義上與阿波隆之間，有利諾斯，他是為赫剌克勒斯所殺的，以及奧菲斯，他善為琴歌，他的歌聲能動木石云。他的妻子歐律狄刻為毒蛇所咬而死的時候，他下到冥土去，想要帶她上來，請求普路同放她回去。他答應這樣做，只要奧菲斯在走到自己家裡之前不回過頭去看。但是他違背了這話，回過頭去看見了他的妻子，於是她走回去了。奧菲斯又創立了狄俄

倪索斯的儀式,後來被邁那得斯(狂女們)所撕裂而死,葬於庇厄里亞。

三　克勒俄因為曾經對於阿芙蘿黛蒂之寵愛阿多尼斯有過非議,招了女神的惱怒,所以使她自己也愛上了瑪格涅斯的兒子庇厄洛斯,同他交會之後和他生了一個兒子許阿鏗托斯,菲拉蒙與神女阿耳革俄珀的兒子塔密里斯對他有愛情,這算是愛男性的第一個人。後來阿波隆愛上了許阿鏗托斯,無意中拋擲鐵環把他打死了。塔密里斯容貌美麗,善於琴歌,與藝文神女們競賽奏樂,約定如他得勝,他當使用她們,假如失敗則她們也可以任意剝奪他的所有。藝文神女們得了優勝,她們便奪去了他的眼睛和他琴歌的本領。

四　歐忒耳珀與斯特律蒙河之間生了瑞索斯,在特洛亞為狄俄墨得斯所殺,但又有人說他的母親是卡利俄珀。塔勒亞與阿波隆之間生了那科律班忒斯,墨爾波墨涅與阿刻羅斯之間生了那賽蓮們,關於她們在說俄底修斯事情的時候當再提及。

五　赫拉沒有(與異性)同床而生了赫淮斯托斯,但據詞美洛斯說,他也是與宙斯所生的。他想來救助被縛的赫拉,被宙斯將他從天上扔了下來。因為赫剌克勒斯取了特洛亞城之後正在航海的時候,赫拉遭了風暴去逼他,所以

宙斯把她捆了掛在俄林波斯山上。赫淮斯托斯落在楞諾斯島上，把腳跌蹻了，但是忒提斯救了他去。

六　宙斯又和墨提斯交通，她曾經變化種種形狀避免他的追求。在她懷了孕的時候，宙斯趁早把她吞吃了，因為伽亞曾說，在她生產了所懷著的女兒之後將要生一小孩，他當為天國之王。為了怕這件事，所以宙斯把她吞了下去。等到生產的時期將到，普洛墨透斯，或如別人所說這是赫淮斯托斯，用了斧子劈開宙斯的頭，於是雅典那全身武裝的從頭頂裡跳了出來，落在特里同河上。

第四章

一　科俄斯的女兒中間，阿斯忒里亞曾變成一隻鵪鶉，自投到海裡去，避免宙斯的追求，有一個城市從前用她的名字叫做阿斯忒里亞，後來名為得羅斯。勒托與宙斯發生關係，到處被赫拉所迫害，直到後來逃至得羅斯，先生產了阿耳忒彌斯，又因了阿耳忒彌斯的幫助接生，生產了阿波隆。阿耳忒彌斯專心於打獵，終身是個處女神。阿波隆從宙斯與許布里斯的兒子潘那裡學了占卜，到了得耳福，那時候忒彌斯常在那裡宣示預言，但是守護乩壇的大蛇皮同阻止他走近那石罅，他便把蛇殺了，將乩壇拿去。過後不久他又殺了提堤俄斯，那是宙斯與俄耳科墨諾斯的女兒厄拉勒的兒子，當初宙斯結識了她，因為怕赫拉的緣故把她藏在地底下，隨將她所孕的小孩提堤俄斯帶到陽光裡來，是一個異常長大的人。勒托來到皮同，提堤俄斯見了她非常動心，就去拉她過來。但是她叫她的子女，他們便將他射死了。他在死後還受懲罰，在冥土有些大鷲在啄食他的心肝。

二　阿波隆又殺了俄林波斯的兒子瑪耳緒阿斯。瑪耳

第四章

緒阿斯找到了雅典那的編簫，那是她因為「吹起來時」使她相貌變得難看所以扔掉的，他便來與阿波隆競賽奏樂。他們約定，勝者可以隨意處分敗者，在比賽舉行的時候，阿波隆將豎琴顛倒過來演奏，他叫瑪耳緒阿斯也這樣做。可是他不能夠，於是遂決定阿波隆是優勝者，他把瑪耳緒阿斯掛在一棵高的松樹上，剝去了他的皮，這樣結果了他。

三　阿耳忒彌斯在得羅斯殺了俄里翁。他們說他是地生，身體異常地巨大，但菲勒庫得斯說他是波塞頓與歐律阿勒之間所生的。波塞頓給了他渡海的本領。他最初娶了西得，赫拉因為她來同她自己比美，把她扔下冥土去了。隨後他走到喀俄斯，對於俄諾庇翁的女兒墨洛珀去求婚。但是俄諾庇翁把他灌醉了，在他睡著的時候弄瞎了他的眼睛，將他扔在海岸上。可是他走到赫淮斯托斯的鍛冶場去，抓住一個小孩，放在他的肩上，叫他引路到日出的地方。到了那裡，為那日光所醫好，回復了視力，他就趕快地去攻俄諾庇翁去了。

四　但是波塞頓給他預備了一所赫淮斯托斯所造的在地底下的房子。厄俄斯卻愛上了俄里翁，把他搶走，帶到得羅斯去了，因為她曾與阿瑞斯同床，所以阿芙蘿黛蒂便叫她永久在愛著人。

五　俄里翁被殺，有人說，為了他向阿耳忒彌斯挑戰

比賽鐵環，又或如別人說，為了他去強逼俄庇斯，即是從那北風以北來的處女們之一人，所以被阿耳忒彌斯所射死了。

波塞頓娶了俄刻阿諾斯的女兒安菲特里忒，生了特里冬與洛得，赫利俄斯娶了她。

第五章

一　普路同愛上了波瑟芬妮，宙斯給他幫助，祕密地把她搶走了。但是得墨忒耳拿了火把日日夜夜地走遍全個地面在找尋她，從赫耳彌翁的人民打聽到是普路同搶去了她，她對於諸神很生了氣，便離開天上，變成一個老婆子模樣來到厄琉西斯。最初她坐在那塊石頭上，因了她的緣故以後便叫做無歡笑石，在所謂美舞井的旁邊，隨後她走到刻勒俄斯那裡去，他在那時正統治著厄琉西斯的人民。在裡邊有幾個女人，叫她坐下在她們的旁邊，有一個叫做伊安珀的老婆子，對女神開玩笑，使得她笑了。據說因此之故在忒斯摩福里亞祭日婦女們所以說玩笑話的。刻勒俄斯的妻墨塔涅拉有一個小孩，得墨忒耳接過去養育，她要使得他不死，每夜把那嬰孩放在火裡，脫去他凡人的血肉。但是得摩豐，因為這是小孩的名字，每天長大得出奇，普剌克西忒亞留心去看，發見了他被埋在火裡，她就叫了起來，於是那小孩為火所燒死，那女神現出了她的本相來。

二　但是她給墨塔涅拉的大兒子特里普托勒摩斯製造

了一輛飛龍的雙座車，給他小麥，那麼在升到空中，往全個住人的地面去播種。但帕倪阿西斯說，特里普托勒摩斯是厄琉西斯的兒子，因為他說是得墨忒耳到他那裡來的。菲勒庫得斯卻說他是俄刻阿諾斯與伽亞之間所生的。

　　三　但是在宙斯命令普路同交出那處女（波瑟芬妮）來的時候，普路同拿了一顆石榴子給她吃，讓她不能長久同她母親留在一起。她沒有料到這個結果，把這子吃了。因為阿刻戎與戈耳古拉的兒子阿斯卡拉福斯作證反對她，得墨忒耳用一塊沉重的石頭在冥土壓在他的身上。但是波瑟芬妮就不得不每年三分之一留住在普路同那裡，其餘的時間留在諸神這邊。

第六章

一　關於得墨忒耳的故事便是如此。但是伽亞因了提坦們的事情生了氣，與烏拉諾斯生了那些巨靈。他們身體大得無比，力量大得無敵，那相貌顯得非常可怕，濃髮從頭上頰間垂下，腳是硬的龍鱗。據人說，他們生於佛勒格賴，但或如別人所說，是在帕勒涅地方。他們把岩石與燒著的櫟樹標槍似的拋到天上去。波耳費里翁與阿爾庫俄紐斯更超過他們，在他們出生的地方出仗是永不會得死的。他又從厄律提亞地方把赫利俄斯（太陽）的牛群都趕走了。諸神得有一個乩示，說那些巨靈不能死在神們的手裡，但是要有一個凡人做幫手，諸神才能把他們結果了。伽亞知道了這事，想要尋找一種草藥，使得凡人也不能夠除滅他們。但是宙斯禁止厄俄斯（曙光），塞勒涅（月亮）和赫利俄斯的出現，那時在別人得到之前他自己把那草藥割了，經過了雅典那把赫剌克勒斯叫來做他的幫手。赫剌克勒斯先射倒了阿爾庫俄紐斯，但是他跌倒在地上的時候，卻有點甦醒過來了。因了雅典那的提示，赫剌克勒斯把他拖出帕勒涅的地界之外。

二　阿爾庫俄紐斯這樣地結了，但是波耳費里翁在戰爭中來攻赫剌克勒斯與赫拉。宙斯引起他對於赫拉的欲情，他撕破了她的衣服，想要強逼她的時候，她大聲呼起救來，宙斯用一個霹靂打他，赫剌克勒斯把他射死了。至於其餘的人，阿波隆射厄菲阿爾托斯在左眼上，赫剌克勒斯射在右眼上，狄俄倪索斯用松毬杖打死了歐律托斯，赫卡忒用火把燒死了克呂提俄斯，赫淮斯托斯則拋去燒紅的鐵殺了彌瑪斯。恩刻拉多斯正在逃走，雅典那把西刻利亞島拋在他的上面，她剝了帕拉斯的皮，便用這個在戰爭中來掩護她自己的身體。波呂波忒斯為波塞頓所追，過海來到科斯島，波塞頓掰下那島的一部分來，拋在他的上面，那就是所謂尼緒戎島。赫耳墨斯戴了冥王的盔，在戰爭中殺了希波呂托斯，阿蒂蜜絲殺了格剌提翁。那運命神女們用青銅狼牙棒打仗，殺了亞格里俄斯與托阿斯。其他的巨靈，宙斯打霹靂毀滅了他們，赫剌克勒斯把垂死的那些都射死了。

三　諸神打勝了巨靈的時候，伽亞更是氣惱，與塔耳塔洛斯交會，在喀利喀亞產生了堤豐，是人與獸的一種雜種。他在體格和力量上超過一切伽亞所生的。在大腿以上，他是人的模樣，卻是那麼的大，他高過所有的山峰，他的頭時常碰著星辰。他的一隻手伸張到西方，別一隻手

第六章

到東方,從這中間長出一百個龍頭來。從大腿以下,那是巨大蟠結的蛇身,這伸長了可以到他的頭上,從那裡又發出很大的呼嘯聲。他的身上全是羽翼,亂髮從他的頭和兩頰因風飄揚,眼裡閃出火光來。這樣的是堤豐,而且是這麼的大,他扔著燒著的岩石,呼嘯著叫喊著奔向天上去,從他的嘴裡噴出一陣陣的火焰。但是諸神見他向天上衝來的時候他們逃向埃及去,被追趕著,都變形成為各種動物。可是宙斯從遠處用霹靂打堤豐,走得近了便用不屈金剛石的鐮刀打倒了他,他逃走了,直追他到科西俄斯山,這山是下臨敘利亞地方的。在那裡,宙斯看見他很受了傷,便同他徒手相搏。但是堤豐把他纏繞,抓住了他,奪去鐮刀,將他手腳的筋割斷了,扛在肩上,帶了過海向喀利喀亞走來,到了之後便把他安放在科律喀亞山洞內。他又把那些筋也收藏在那裡,隱藏在一個熊皮「袋」裡,叫女龍得耳費涅做看守,那是一個半獸的女子。但是赫耳墨斯與埃癸潘偷了那筋來,偷偷地給宙斯裝上了。既然回復了氣力,宙斯坐在飛馬的車裡,忽然地從天上扔霹靂打堤豐,追他到了名叫倪薩的山下,在那裡那運命神女欺騙了那逃人,因為他相信以為可以回復氣力,嘗了那短命的果子。再被追趕著他來到特刺刻,在海摩斯山戰鬥中他把整個山都掀了起來。但是這被霹靂打回來,落在他上面,在

山上流出好些血來，據說因此那山被稱作海摩斯，即是血山。在他正要逃過西喀利亞海去的時候，宙斯把在西喀利亞的埃特那山拋在他的上面。這是一座很大的山，從那裡直至今日據說有一陣陣的火焰從以前所扔的霹靂發出。關於這事現在我們所說的就是這麼樣。

第七章

一　普洛墨透斯用了水和土做成人類，又把火給他們，這是他瞞了宙斯在茴香稈子裡藏了來的。但是宙斯知道了這事的時候，他叫赫淮斯托斯把他的身子釘在高加索山上，那是斯庫提亞地方的山。普洛墨透斯被釘著捆縛著，在這上邊有好許多年。每天有一隻鷹對他撲下來，吃他的肝葉，這在夜裡又長上了。普洛墨透斯受著這偷火的刑罰，直到後來赫剌克勒斯解放了他，這在講到赫剌克勒斯時當再說明。

二　普洛墨透斯有一個兒子丟卡利翁。他統治佛提亞一帶地方，娶了厄庇墨透斯與潘朵拉的女兒皮耳拉，那潘朵拉即是諸神所造作的第一個女人。在宙斯想要除滅青銅時代的人的時候，丟卡利翁因了普洛墨透斯的指示造一個箱子，放上糧食，他便同了皮耳拉走進這裡邊去。但是宙斯從天上注下豪雨去，淹沒了希臘的大部分，所以人全都死滅了，除了少數逃到鄰近高山裡去的人。在那時候在忒薩利亞的山分開了，在伊斯特摩斯與珀羅蓬涅索斯以外的世界就全滅了。但丟卡利翁在箱子裡漂浮海上凡歷九日與

同數的夜,到了帕耳那索斯,其時雨已停止,他就在那裡登陸,對於避難之神宙斯舉行祭祀。宙斯乃派遣赫耳墨斯到他那裡去,允許他選擇他所想要的,他選擇了要得人類,依照了宙斯的吩咐,他拿起石頭,從他的頭上拋過去,那些丟卡利翁所拋的石頭成了男人,皮耳拉所拋的成了女人。因此人民被隱喻地稱為拉俄斯(人民),從拉阿斯來,這是說一塊石頭。丟卡利翁因皮耳拉生有子女,最初是赫楞,他的父親有人說是宙斯,其次安菲克堤翁,他在克剌那俄斯之後統治阿提刻,又有女兒普洛托戈涅亞,從她與宙斯之間生了埃特利俄斯。

三　赫楞與神女俄耳塞伊斯之間生了多洛斯,克蘇多斯,埃俄羅斯。那些被稱為格賴科伊的人,他用自己的名字叫做赫勒涅斯人,把那國土分給他的兒子們。克蘇多斯得到珀羅蓬涅索斯,他與厄瑞克透斯的女兒克勒烏薩之間生了阿開俄斯與伊翁,因了他們的名字那些人民被稱為阿開埃與伊俄涅斯人。多洛斯得到珀羅蓬涅索斯對面的地方,用自己的名字叫那些移民為多利厄斯人。埃俄羅斯統治忒薩利亞一帶地方,稱住民為埃俄勒斯人。他娶了得瑪科斯的女兒厄那瑞忒,生了七個兒子,即是克瑞透斯,西緒福斯,阿塔瑪斯,薩耳摩紐斯,得伊翁,瑪格涅斯,珀里厄瑞斯,又有五個女兒,即是卡那刻,阿耳庫俄涅,珀

第七章

西狄刻，卡呂刻，珀利墨得。

四　珀利墨得與阿刻羅俄斯之間生了希波達瑪斯與俄勒斯忒斯，而珀西狄刻與密耳彌冬之間生了安提福斯與阿克多耳。赫俄斯福洛斯的兒子刻宇克斯娶了阿耳庫俄涅，他們為了驕矜而滅亡了，因為他說他的妻子是赫拉，她說她的丈夫是宙斯。但是宙斯把他們變成了鳥，女的他變作魚狗，男的變作淘河。卡那刻因了波塞頓生了荷普琉斯，尼柔斯，厄波剖斯，阿羅歐斯與特里俄普斯。阿羅歐斯娶了特里俄普斯的女兒伊菲墨得亞，可是她愛上了波塞頓，時常走到海邊，用她的手掬起海波來，倒向自己的懷裡。波塞頓和她交會，生了兩個小孩，俄托斯與厄菲阿爾忒斯，即所謂阿羅阿代。他們每年生長一肘（約一尺半）寬，一托（約六尺）高，在他們九歲的時候，已經有九肘寬，九托高了，他們決計要對諸神作戰，把俄薩山放在俄林波斯山上，又將珀利翁山放在俄薩山上，恐嚇說將因了這些山而走上天去，又說用山填入海內，使成為陸地，將使平地成海。厄菲阿爾忒斯去對赫拉求婚，俄托斯對阿耳忒彌斯求婚。他們把阿瑞斯捆了關起來。但是赫耳墨斯後來將他偷了出來，阿耳忒彌斯用了陰謀在那克索斯殺了那阿羅阿代。她變形為鹿，在他們的中間跳過去，他們想要射中那動物，於是互相為投槍所殺了。

五　卡呂刻與埃特利俄斯之間生了一個兒子恩底彌翁，他從忒薩利亞引了埃俄里亞人去，建立了厄利斯。但有人說他乃是宙斯所生的。他是異常地美麗，塞勒涅愛上了他，宙斯允許他選擇他的志願，他選取了永久睡著，長是不死也不老。

六　恩底彌翁與一個河的神女，或如有人說是伊菲阿那薩之間生了一個兒子埃托洛斯，他殺死了福洛紐斯的兒子阿庇斯，逃到枯瑞忒斯的國土裡去。他在那裡殺了他的居停主人，佛提亞與阿波隆的兒子多洛斯，拉俄多科斯與波呂波忒斯，用自己的名字稱那地方為埃托利亞。

七　埃托洛斯與福耳波斯的女兒普洛諾厄之間生了普琉戎與卡呂冬，在埃托利亞的兩個都市就以他們為名。普琉戎娶了多洛斯的女兒克珊提珀，生了兒子阿革諾耳，和女兒斯忒洛珀，斯特剌托尼刻與拉俄豐忒。卡呂冬與阿密塔翁的女兒埃俄利亞之間生了女兒厄庇卡斯忒與普洛托戈涅亞，阿瑞斯因了她生了俄克緒羅斯。普琉戎的兒子亞革諾耳娶了卡呂冬的女兒厄庇卡斯忒，生了波耳塔翁與得摩尼刻，在她與阿瑞斯之間生了歐厄諾斯，摩羅斯，皮洛斯，忒斯提俄斯。

八　歐厄諾斯生了瑪耳珀薩，阿波隆向她求婚，但是阿法柔斯的兒子伊達斯從波塞頓得到了一架飛車，將她搶

走了。歐厄諾斯駕車追趕,走到呂科耳瑪斯河,但是他不能夠捉住他,他把那些馬殺死,自己投到河裡去,這河便用他的名字叫做歐厄諾斯河。

九 但是伊達斯走到墨塞涅,阿波隆遇見他,將要把那女人奪去。他們為了那女孩的婚事鬥爭著的時候,宙斯將他們分開了,允許那女人自己選擇願意與誰同居,她怕得阿波隆在她老年會得棄捨了她,所以選取伊達斯做她的丈夫。

一〇 忒斯提俄斯因了克勒俄波亞的女兒歐律忒彌斯生了女兒,即是阿耳塔亞,勒達,許珀耳木涅斯特拉,和男兒伊菲克羅斯,歐伊波斯,普勒克西波斯,歐律皮羅斯。波耳塔翁與希波達瑪斯的女兒歐律忒之間生了兒子俄紐斯,阿格里俄斯,阿耳卡托俄斯,墨拉斯,琉科剖斯,和女兒斯忒洛珀,據說亞刻羅俄斯因了她生了那些賽蓮們。

第八章

一　俄紐斯統治著卡呂冬，是第一個人從狄俄倪索斯得到蒲桃樹的。他娶了忒斯提俄斯的女兒阿耳塔亞，生了托克修斯，因為跳越了城濠，為他所殺。在托克修斯之外，他又生了堤柔斯與克呂墨諾斯，女兒戈耳革，安特賴蒙娶了她，以及德伊阿妮拉，據說她乃是阿耳塔亞因了狄俄涅索斯所生的。她能駕車，習戰術，赫剌克勒斯曾為了她的婚事與阿刻羅俄斯河神角力競爭過。

二　阿耳塔亞又因了俄紐斯生了一個兒子墨勒阿格洛斯，卻有人說他乃是阿瑞斯所生的。據說在他生後七日的時候，運命神女們到來說道，在爐裡燒著的那柴燒完時，墨勒阿格洛斯就將畢命了。阿耳塔亞聽了這話，拿起那柴來，去收藏在箱子裡。墨勒阿格洛斯長成為一個「敵」不能傷的高貴的男子，卻是這樣地結果了。在將本地每年收穫的新穀祭獻於諸神的時候，俄紐斯單獨忘記了阿耳忒彌斯。但是她生了氣，差遣一隻身體與力氣非常大的野豬來，使得那地面上不能播種，傷害那牲畜與偶然遇著的人們。俄紐斯召集希臘全部最高貴的人士來打這野豬，應

第八章

允把那皮送給殺死那野獸的人作為獎品。那些聚集來獵取野豬的人如下所記：俄紐斯的兒子墨勒阿格洛斯，阿瑞斯的兒子德律阿斯，那些從卡呂冬來的人，從墨塞涅來的阿法柔斯的兒子伊達斯與林叩斯，從拉刻代蒙來的宙斯與勒達的兒子卡斯托耳與波呂丟刻斯，從雅典來的埃勾斯的兒子忒修斯，從斐賴來的斐勒斯的兒子阿德墨托斯，從阿耳卡狄亞來的呂枯耳戈斯的兒子安開俄斯與刻甫斯，從伊俄爾科斯來的埃宋的兒子伊阿宋，從忒拜來的安菲特律翁的兒子伊菲克勒斯，從拉里薩來的伊克西翁的兒子珀裡托俄斯，從佛提亞來的埃阿科斯的兒子珀琉斯，從薩拉彌斯來的埃阿科斯的兒子忒拉蒙，從佛提亞來的阿克托耳的兒子歐律提翁，從阿耳卡狄亞來的斯科紐斯的女兒阿塔蘭忒，從阿耳戈斯來的俄克勒斯的兒子安菲阿剌俄斯。同了他們也來了忒斯提俄斯的兒子們。他們到來了的時候，俄紐斯款待了他們九天，但是在第十天，刻甫斯與安開俄斯和別的幾個人看不起同一個女人去打獵，墨勒阿格洛斯卻硬請他們同她前去，因為他雖已娶伊達斯與瑪耳珀薩的女兒克勒俄帕特拉為妻，還想因了阿塔蘭忒生育子女。在他們包圍了野豬的時候，許琉斯與安開俄斯為那野獸所殺，珀琉斯無心地用投槍殺了歐律提翁。但是阿塔蘭忒首先射中野豬背，安菲阿剌俄斯其次射在眼睛上，但墨勒阿格洛斯刺

在腰裡，殺死了野豬，他拿到了皮，隨即給了阿塔蘭忒。可是忒斯提俄斯的兒子們以為女人在男子們面前拿得獎品是僭越的事，從她那裡把皮搶去，說因了親屬關係這屬於他們，假如墨勒阿格洛斯不願意要。

三　但是墨勒阿格洛斯生了氣，殺害了忒斯提俄斯的兒子們，將皮給了阿塔蘭忒。阿耳塔亞悲傷她兄弟的死亡，把那柴燒了，於是墨勒阿格洛斯忽然死去了。但是有些人卻說墨勒阿格洛斯不是這樣地死的，忒斯提俄斯的兒子們爭執要那皮，說是伊菲克勒斯首先擊中的，在枯瑞忒斯和卡呂冬人中間打起仗來，墨勒阿格洛斯出去，殺了幾個忒斯提俄斯的兒子，阿耳塔亞很咒罵他，他生了氣便留在家裡。可是敵人們逼近城牆，市民來向他求救的時候，他好容易聽了他妻子的勸告，出去殺了忒斯提俄斯的其餘的兒子，他自己也戰死了。在墨勒阿格洛斯死後，阿耳塔亞與克勒俄帕特拉都自己吊死了，那些哭悼死人的女人們化成了鳥類。

四　阿耳塔亞既死，俄紐斯娶了希波諾俄斯的女兒珀里波亞。《忒拜的故事》的作者說，在俄勒諾斯被攻陷時，俄紐斯是當作一件禮品得到她的，但赫西俄多斯說，她為阿瑪任叩斯的兒子希波斯特剌托斯所誘，她的父親希波諾俄斯打發她從阿卡亞的俄勒諾斯地方到俄紐斯那裡去，因

第八章

為他是離希臘很遠,吩咐他便把她殺了。可是又有人說,希波諾俄斯發現他的女兒為俄紐斯所誘,她已有了孕,所以把她送到他那裡去。

五　俄紐斯因了她生了堤丟斯。但是庇珊德洛斯說,堤丟斯的母親乃是戈耳革,因為憑了宙斯的意旨俄紐斯愛上了他自己的女兒。堤丟斯長成為高貴的男子的時候,他被流放出去,因為如或人所說殺了俄紐斯的兄弟阿耳卡托阿斯,但如《阿爾克邁翁故事》的作者所說,那卻是墨拉斯的兒子們,圖謀反抗俄紐斯的,即是菲紐斯,歐律阿洛斯,許貝耳拉俄斯,安提俄科斯,歐墨得斯,斯忒耳諾普斯,克珊提波斯,斯忒涅拉俄斯,可是據菲勒庫得斯說,他是謀害了他自己的兄弟俄勒尼阿斯。阿格里俄斯要把他法辦,他逃到阿耳戈斯地方,投奔阿德剌斯托斯,娶了他的女兒得伊皮勒,生了狄俄墨得斯,堤丟斯同了阿德剌斯托斯前去攻打忒拜為墨拉尼波斯所傷而死。

六　但是阿格里俄斯的兒子們,即是忒耳西忒斯,翁刻斯托斯,普洛托俄斯,刻琉托耳,呂科剖斯,墨拉尼波斯,奪了俄紐斯的王位,給與他們的父親,而且在他生時還把俄紐斯監禁起來,很凌虐他。可是後來狄俄墨得斯同了阿爾克邁翁偷偷地從阿耳戈斯走來,把阿格里俄斯的兒子都殺了,除了翁刻斯托斯與忒耳西忒斯,因為他們先時

逃到珀羅蓬涅索斯去了，那個王位因俄紐斯已年老，狄俄墨得斯給了娶有俄紐斯的女兒的安德賴蒙，他卻帶了俄紐斯往珀羅蓬涅索斯去。那逃走了的阿格里俄斯的兒子們在阿耳卡狄亞的忒勒福斯家的灶旁等著他，便將那老人殺了。但是狄俄墨得斯把屍首運到阿耳戈斯，葬在一處地方，現在有個城市用他的名字叫做俄諾厄。他娶了阿德剌斯托斯的，或如別的說是埃癸阿琉斯的女兒埃癸阿勒亞，前去攻打忒拜與特洛亞。

第九章

一　埃俄羅斯的兒子中間，阿塔瑪斯統治玻俄提亞，因了涅菲勒（雲）生了兒子佛里克索斯和女兒赫勒。他再娶伊諾，因了她生了勒阿耳科斯與墨利刻耳忒斯。但是伊諾謀害涅菲勒的兒女，她勸說女人們把麥子烤乾了，她們拿到麥子，不給男人們知道就這樣的做了。但是那地種上了烤乾的麥子，沒有供給常年的收成。於是阿塔瑪斯差人到得爾福去問，怎樣可以免除這饑荒。伊諾勸說那些差人，教他們說乩示回答是這樣，假如用佛里克索斯去祭宙斯，這饑饉便會停止。阿塔瑪斯聽到了這話，被那本地的居民所逼迫，他只得把佛里克索斯帶往祭壇去。但是涅菲勒搶走了他和她的女兒，給了他們一隻金羊毛的公羊，這是她從赫耳墨斯那裡得來的，他便帶了他們起在空中，走過了陸地與海。他們走到位在西革翁與刻耳索涅塞之間的海上的時候，赫勒滑落到海底裡去，於是就淹死了，那海用她的名字被叫做赫勒斯蓬托斯。但佛里克索斯到了科耳刻斯人那裡，那裡的王是埃厄忒斯，赫利俄斯與珀耳塞伊斯的兒子，是喀耳刻與帕西法厄的兄弟，帕西法厄為彌諾斯所

娶。他招待佛里克索斯,將他的一個女兒卡耳喀俄珀給了他。佛里克索斯於是將金羊毛的公羊祭獻於避難之神宙斯,那皮就給了埃厄忒斯,他把皮釘在阿瑞斯的樹林的一棵櫟樹上。佛里克索斯因了卡耳喀俄珀生了些兒子,即是阿耳戈斯,墨拉斯,佛戎提斯,庫提索洛斯。

二 但是後來因了赫拉的憤怒,阿塔瑪斯也失掉了伊諾所生的兒子,因為他發了狂,射死了勒阿耳科斯,伊諾把墨利刻耳忒斯同她自己都投到海裡去了。阿塔瑪斯從玻俄提亞被流放出來,問神什麼地方他可以居住,乩示回答說在他為野獸所款待的地方,他走過許多地方之後遇見幾隻狼在吃些羊肉,他們看見了他,便放下所吃的東西都逃走了。阿塔瑪斯於是在那地方定居下來,用自己的名字稱為阿塔曼提亞,娶了許普修斯的女兒忒彌斯托,生了琉孔,厄律特里俄斯,斯科紐斯,普托俄斯。

三 埃俄羅斯的兒子西緒福斯建設了厄費拉,現今稱作科王托斯,娶了阿特拉斯的女兒墨洛珀。他們有一個兒子格勞科斯,他因了歐律墨得生了兒子柏勒洛豐,是他殺了那噴火的喀邁拉的。但西緒福斯在冥土被罰用他的手和頭推著一塊石頭,想要把它滾到上頭去,可是無論他怎麼推,那石頭總還是滾了下來。他受這刑罰是為了阿索波斯的女兒埃癸那的事,因為宙斯偷偷地將她搶了去,據說是

第九章

他對於正在尋找的阿索波斯告了密的。

四　得伊翁統治福喀斯，他娶了克蘇托斯的女兒狄阿墨得，生了女兒阿忒洛狄亞，兒子埃涅托斯，阿克托耳，費拉科斯，刻法羅斯，他娶了厄勒克透斯的女兒普洛克里斯。但是後來厄俄斯愛上了他，把他帶走了。

五　珀里厄瑞斯占領了墨塞涅，娶了珀耳修斯的女兒戈耳戈福涅，因了她生了阿法琉斯與琉刻波斯與廷達瑞俄斯，還有伊卡里俄斯等各兒子。

六　瑪格涅斯娶了一個海的神女，生了兒子坡呂得忒斯與狄克堤斯，他們拓殖了塞里福斯地方。

七　薩爾摩紐斯最初住在忒薩利亞，但是後來他來到厄利斯，在那裡建設了城市。他很是傲慢，想要與宙斯平等，為了這不敬他被懲罰了，因為他說自己即是宙斯，他從神那裡撤去祭祀，叫人來對他祭獻，他在車子後邊拖上乾的皮革和青銅的鍋，說他在打雷，又把點著的火把向天空拋去，說他在閃電了。但是宙斯用霹靂打他，把他所建設的城市和住民全都毀滅了。

八　薩爾摩紐斯與阿爾喀狄刻的女兒堤洛是為薩爾摩紐斯的兄弟克瑞透斯所養大的，她對於厄尼剖斯河發生愛情，時常走到河流那裡去，對他告訴。但是波塞頓變作厄

尼剖斯的模樣和她同寢了，她祕密地生了雙生的兒子，就把他們拋棄了。那嬰孩遺棄在路上，有過路馬伕的一匹母馬用她的蹄踢在一個小孩的臉上，留下一個烏青的痕跡。那馬伕拿起兩個小孩來，留養了他們，他叫那個有痕記的名為珀利阿斯（烏青），別一個名為涅琉斯。他們長大起來的時候，找到了他們的母親，把那後母西得洛殺了。因為他們得悉他們的母親為她所凌虐，便去找她，可是她已先逃進到赫拉的聖境內避難去了。但是珀利阿斯還是在祭壇上把她殺了，自此以後他始終是對於赫拉全不尊敬的。

九　後來他們互相對抗，涅琉斯被放逐，來到墨塞涅，建立皮羅斯，娶了安菲翁的女兒克羅里斯，因了她生了女兒珀洛，以及男兒陶洛斯，阿斯忒里俄斯，皮拉翁，得瑪科斯，歐律比俄斯，厄庇拉俄斯，佛剌西俄斯，歐律墨涅斯，歐阿戈羅斯，阿拉斯托耳，涅斯托耳，珀里克呂墨諾斯。波塞頓給了他變化形狀的本領。在赫剌克勒斯侵擾皮羅斯的時候，在戰爭中珀里克呂墨諾斯變為獅子，大蛇以及蜜蜂，但終於同了涅琉斯別的那些兒子被赫剌克勒斯所殺了。只有涅斯托耳得救，因為他是養育在革瑞那人的中間。他娶了克剌提歐斯的女兒阿那克西比亞，生了女兒珀西狄刻與坡呂卡斯忒，以及兒子珀耳修斯，斯特剌提科斯，阿瑞托斯，厄刻佛戎，珀西斯特剌托斯，安提羅科

第九章

斯,特剌緒墨得斯。

一〇　但是珀利阿斯住在忒薩利亞,娶了比阿斯的女兒阿那克西比亞,可是據有人說又是安菲翁的女兒坡呂瑪刻,生了兒子阿卡斯托斯,女兒珀西狄刻,珀羅庇亞,希坡托厄,阿爾刻提斯。

一一　克瑞透斯建議伊俄克羅斯,娶了薩爾摩紐斯的女兒堤洛,因了她生了兒子埃宋,阿密塔翁,菲瑞斯。阿密塔翁住在皮羅斯,娶了菲瑞斯的女兒伊多墨涅,生了兒子比阿斯與墨蘭浦斯。墨蘭浦斯在鄉間過活,在他的房屋前面有一棵櫟樹,在那裡邊有蛇的窠。僕人們把蛇都打死了,但是墨蘭浦斯收集些木材,把那爬蟲燒化了,那些小的他便留養著。小蛇長大了的時候,它們於他睡眠中站在他的兩肩,用舌頭清除他的耳朵。他驚起,很是恐慌,但是他聽懂在上面飛著的鳥的聲音了,依據了他從它們所聽得的話,他給人家預言未來的事。此外他還得到了占兆的方術,自從在阿耳甫斯河邊遇見阿波隆以後,他一直成為最好的占卜者了。

一二　比阿斯向涅琉斯的女兒珀洛求婚。但是因為對他女兒求婚的人很多,涅琉斯便說他將把她給予能將費拉科斯的牛群帶了來的人。那牛是在費拉開地方,有一頭狗看守著,沒有人或獸能夠走近它的。比阿斯不能偷得那些

牛群，便請求他的兄弟來幫助他。墨蘭浦斯應允了，他預言偷的時候將被發覺，在他被拘繫一年之後卻可以得到那牛。他答應了之後走到費拉開去，果然如他所預言，在偷盜中被發覺了，被拘繫在一間獄舍裡。一年已經所餘無幾了，他聽見在屋頂隱祕處的有些蛀蟲，一個問那梁木已經咬穿了多少，別個回答說剩下的很不多了。他立刻叫他們把他搬到別的獄舍裡去，過了不久工夫那獄舍就坍倒了。費拉科斯大為驚異，知道了他是一個極好的占卜家，放免了他，請他指示怎樣可以使得他的兒子伊菲克羅斯生育兒女。他答應了，約定因此他應當得到牛群。用了兩頭公牛祭獻，把它切開了，他招集鳥來，於是來了一隻大鷲，他從它知道有一回費拉科斯在閹割公羊，把那帶著血的刀放在伊菲克羅斯的旁邊，那小孩怕了，便逃了去。他將那刀插在神聖的櫟樹上，樹皮包圍了那刀，把它隱藏住了。它說，若是那刀找著了，刮下鐵鏽來，給伊菲克羅斯喝上十天，他會得生下一個兒子。墨蘭浦斯既然從大鷲聽到了這些話，他找出那刀來，刮下鐵鏽，把這個給伊菲克羅斯喝了十天，他生了一個兒子波達耳刻斯。但是他把牛群趕到皮洛斯，得到了涅琉斯的女兒之後，把她交給了他的兄弟。他在墨塞涅住著有好些時候，但後來狄俄倪索斯使得阿耳戈斯的女人發了狂，他醫好了她們，因此得到了國土

第九章

的一部分,就同比阿斯在那裡住下了。

一三　比阿斯與珀洛之間生了塔拉俄斯,他娶了墨蘭浦斯的兒子阿巴斯的女兒呂西瑪刻,因了她生了阿德剌斯托斯,帕耳忒諾派俄斯,普洛那克斯,墨喀斯透斯,阿里斯托瑪科斯,厄里菲勒,安菲阿剌俄斯娶了她。帕耳忒諾派俄斯有兒子普洛瑪科斯,他與後代英雄同去攻打忒拜,墨喀斯透斯有兒子歐律阿羅斯,他往特洛亞去了。普洛那克斯有兒子呂枯耳戈斯,阿德剌斯托斯因了普洛那克斯的女兒安菲忒亞生了女兒阿耳革亞,德伊皮勒,埃癸阿勒亞,以及兒子埃癸阿琉斯與庫阿尼波斯。

一四　克瑞透斯的兒子菲瑞斯在忒薩利亞建設菲賴,生了阿德墨托斯與呂枯耳戈斯。呂枯耳戈斯在涅墨亞定住,娶了歐律狄刻,或如有人說是安菲忒亞,生了俄菲耳忒斯,他後來叫做阿耳刻摩洛斯。

一五　阿德墨托斯統治菲賴的時候,阿波隆給他做家奴,那時他去對於珀利阿斯的女兒阿爾刻提斯求婚。珀利阿斯曾應允把他女兒給予將一隻野豬和一隻獅子駕在車上來的人,阿波隆駕好了,把它們給了阿德墨托斯,他送到珀利阿斯那裡去,得到了阿爾刻提斯。但是在結婚時舉行祭祀,他忘記了阿耳忒彌斯,因此他開啟新房的時候,看見裡邊全是糾結著的許多大蛇。阿波隆叫他對神女求得和

解，又從運命神女得到這許可，阿德墨托斯將死的時候，只要有人情願替他去死，他可以免於死亡。在他的死期到來的時候，他的父親和他的母親都不想替他去死，但是阿爾刻提斯卻替了他死了。但是那處女（波瑟芬妮）又打發她回來，或者如別人所說，赫剌克勒斯與冥王打了一仗，把她帶回還給他了。

一六　克瑞透斯的兒子埃宋因了奧托呂科斯的女兒波呂墨得生了兒子伊阿宋。他住在伊俄耳科斯，珀利阿斯繼克瑞透斯之後在那裡為王。珀利阿斯關於王位的事去求乩示，神回答他，要警戒著一隻屐的人。最初他不懂得這乩示的意思，但是後來就明白了。因為他在海邊舉行對於波塞頓的祭祀，他叫別的許多人和伊阿宋都來參加。伊阿宋喜歡田事，住在鄉間，他急忙地前去赴祭，渡過阿瑙洛斯來只穿著一隻屐，那一隻在河流中失落了。珀利阿斯看見了他，想到那乩示，走近前去，問他假如他有這權力，若是得到預言說將為某一市民所殺，那麼他將怎樣辦。伊阿宋答說，或是隨便地說，或者是由於赫拉的惱怒，叫墨得亞成為珀利阿斯的禍祟。因為他是不尊敬赫拉的，他道，「我將叫他去取那金羊毛的皮來。」珀利阿斯聽了這話，立即叫他去把那皮取來。這卻是在科爾喀斯的阿瑞斯的樹林裡，掛在一棵櫟樹上，由一條不睡的龍守護著。伊阿宋被

第九章

派遣去辦這事,他叫佛里克索斯的兒子阿耳戈斯來幫助,阿耳戈斯因了雅典那的指示,造了一隻五十枝槳的船,用建造者的名字叫做阿耳戈,在那船頭上雅典那給裝了一枝多多那的櫟樹的會說話的木材。那船建造好了的時候,神給他乩示,允許他招集希臘的高貴的人們,航海去了。那些招集的人如下所記:哈格尼阿斯的兒子提費斯,他是駕駛這船的,俄阿格洛斯的兒子奧菲斯,玻瑞阿斯的兒子仄忒德斯與卡拉伊斯,宙斯的兒子卡斯托耳與波呂丟刻斯,埃阿科斯的兒子忒拉蒙與珀琉斯,宙斯的兒子赫剌克勒斯,埃勾斯的兒子忒修斯,阿法柔斯的兒子伊達斯與林叩斯,俄克勒斯的兒子安菲阿剌俄斯,科洛諾斯的兒子卡紐斯,赫淮斯托斯或是埃托羅斯的兒子帕賴蒙,阿琉斯的兒子刻甫斯,阿耳刻西俄斯的兒子拉厄耳忒斯,赫耳墨斯的兒子奧托呂科斯,斯科紐斯的女兒阿塔蘭忒,阿克托耳的兒子墨諾提俄斯,希帕索斯的兒子阿忒托耳,菲瑞斯的兒子阿德墨托斯,珀利阿斯的兒子阿卡斯托斯,赫耳墨斯的兒子歐律托斯,俄紐斯的兒子墨勒阿格洛斯,呂枯耳戈斯的兒子安開俄斯,波塞頓的兒子歐菲摩斯,陶瑪科斯的兒子波阿斯,忒勒翁的兒子部忒德斯,狄俄倪索斯的兒子法諾斯與斯塔費羅斯,波塞頓的兒子厄耳癸諾斯,涅琉斯的兒子珀里克呂墨諾斯,赫利俄斯的兒子奧革阿斯,忒斯提

075

俄斯的兒子伊菲克羅斯，佛里克索斯的兒子阿耳戈斯，墨喀斯透斯的兒子歐律阿羅斯，希帕耳摩斯的兒子珀涅琉斯，阿勒克托耳的兒子勒伊托斯，瑙玻羅斯的兒子伊菲托斯，阿瑞斯的兒子阿斯卡拉福斯與伊阿耳墨諾斯，科墨托斯的兒子阿斯忒里俄斯，厄拉托斯的兒子坡呂斐摩斯。

一七　這些人以伊阿宋為船主航海出發，到了楞諾斯。在這時期適值楞諾斯沒有男子，為托俄斯的女兒許普西皮勒所統治，這緣起是如此的。楞諾斯的女人不尊敬阿芙蘿黛蒂，她給予她們以惡臭，因此她們的配偶都去從鄰近的特剌刻地方虜掠些女人來，與她們同居。楞諾斯的婦女這樣受了侮辱，把她們的父親與丈夫都殺害了，只有許普西皮勒把她的父親托阿斯隱藏起來，才救了他。他們到了那時為女人所統治的楞諾斯島，便同那些女人們雜居。許普西皮勒與伊阿宋同床，生了兒子歐涅俄斯與涅布洛福諾斯。

一八　在楞諾斯之後，他們到了多利俄斯人的地方，庫最科斯統治著那裡。他很好意地款待了他們。但是夜間從那裡出發，遇著了逆風，他們不知不覺又回到了多利俄斯人的地方。可是多利俄斯人以為這是珀拉斯戈斯的軍隊，（因為他們常為珀拉斯戈斯人所侵擾）在夜裡各不相知地交戰起來。那阿耳戈船員們殺了許多人，其中有庫最科

第九章

斯，但在白天知道了之後，他們悲悼，剪去自己的頭髮，很鄭重地埋葬了庫最科斯。在埋葬後他們出發，到了密西亞。

一九　他們在那裡留下了赫剌克勒斯與坡呂斐摩斯。因為提俄達瑪斯的兒子許拉斯，是赫剌克勒斯所寵愛的，被差去汲水，因了他的美貌被（水裡的）神女拉了去了。但是坡呂斐摩斯聽見了他的叫喊，拔了短劍追去，以為他是被強人所帶去了。他遇著赫剌克勒斯，把這事告訴了他。在他們尋找著許拉斯的時候，那船開走了，於是坡呂斐摩斯在密西亞建立了城市喀俄斯，統治那地方，赫剌克勒斯卻回到阿耳戈斯去了。可是赫洛多托斯說那時赫剌克勒斯原來就不曾出發，卻是在翁法勒那裡當著奴隸。但是菲勒庫得斯說，他被遺留在忒薩利亞的阿斐泰地方，因為那阿耳戈說起話來，說它載不起他的重量。得瑪拉托斯傳說赫剌克勒斯航海到科爾喀斯去，因為狄俄倪西俄斯還說他是阿耳戈船員們的首領云。

二〇　從密西亞他們來到柏布律刻斯人的地方，由波塞頓與比堤尼斯神女的兒子阿密科斯統治著。他很是剛勇，常強迫在那裡登岸的外邦人和他拳鬥，就那麼樣地把他們結果了。那時他也走到阿耳戈去，叫他們中間的好手來比拳。波呂丟刻斯答應和他拳鬥，打在他肘上，把他打

死了。那些柏布律刻斯人向他奔了過來，首領們都搶兵器在手，殺了他們潰散的許多人。

二一　他們從那裡出發，來到特刺刻的薩耳密得索斯地方，在那裡住著菲紐斯，一個瞎了眼的預言家。有人說他是阿革諾斯的兒子，但別人又說是波塞頓的兒子，他的眼瞎或云由於諸神，因為他對於人們預言未來的事，或云由於玻勒阿斯與阿耳戈船員們，因為他聽了那繼母的話，把自己的子女都弄瞎了，或又云由於波塞頓，因為他告訴了佛里克索斯的兒子們怎樣地從科爾喀斯航行到希臘去。諸神又差遣了哈耳皮埃到他那裡去，她們是有翅膀的，在一桌吃食為菲紐斯擺好了的時候，她們便從空中撲下來，攫去了大半，留下的一點也弄得那麼地臭，沒有人能用了。阿耳戈船員們想要問他關於路程的事情，他說只要給他除了哈耳皮埃，他可以告訴他們。於是他們在他面前擺了一桌吃食，那哈耳皮埃忽然大噭撲了下來，把食物搶走了。玻勒阿斯（北風）的兒子仄忒斯與卡拉伊斯看見了，因為他們是有翅膀的，便拔出短劍來，從空中追去。這是那麼注定的，那哈耳皮埃應死於玻勒阿斯的兒子之手，而玻勒阿斯的兒子們也將死亡，假如追趕她們而不能捉到。於是哈耳皮埃被追，一個落在珀羅蓬涅索斯的提格里斯河裡，這河現在用她的名字稱為哈耳皮斯河，有人稱她為尼

第九章

科托厄，但別的說是阿厄羅波斯。又一個名叫俄庫珀忒或如別人說是俄庫托厄，但赫西俄多斯則叫她為俄庫波得，沿著普洛蓬提斯逃走，直到厄喀奈群島，現在因她而名為斯特洛法得斯（案意云迴旋島），因為她到了這裡的時候迴旋了一下，那時是在海岸上，因為疲勞之故，與追趕她的一同墮落下來了。但是阿波羅尼俄斯在《阿耳戈瑙提卡》中說哈耳皮埃被追趕到了斯特洛法得斯群島，沒有受什麼害，她們立誓為證不再去害菲紐斯了。

　　二二　既然除去了哈耳皮埃，菲紐斯乃給阿耳戈船員們指點他們的路程，說明關於海中的撞巖的事。這是很大的岩石，因了風力而撞在一處，堵住了海的通路。有很多的霧包圍著，和很大的響聲，就是飛鳥要在這中間走過也不可能。他於是勸告他們，放一隻鴿子過岩石中間去，假如看見安全的，可以放心過去，但若是它死了，不要勉強前行。他們聽了這話之後，便即出發，行近岩石時，從船首放出鴿子去，在它飛去的時候，兩巖撞擊夾斷了它尾巴尖的羽毛。於是等到岩石退開的時候，他們因了用力扳槳和赫拉的協助，透過了那地方，只有船後梢裝飾的尖頂被削去了。自此以後那撞巖便停住了，因為這是前定的，只要有船通過，那就完全停著了。

　　二三　阿耳戈船員們現在到了瑪利安底諾斯人的地

方,那裡國王呂科斯很親切地款待他們。在那地方,占卜者伊德蒙為野豬所傷而死了,又提費斯也死了,安開俄斯出來擔任駕駛的事情。航行過了忒耳摩冬和高加索,他們到來法西斯河,這即在科爾喀斯國內了。那船停泊了的時候,伊阿宋去見埃厄忒斯,把珀利阿斯所命令的事告訴他,請求將那羊皮給他。他答應給,假如他獨自去駕好了那青銅蹄的公牛。那是他所有的兩頭野牛,身體異常地大,是赫淮斯托斯的贈物,有青銅的腳,從嘴裡噴出火來。就是這牛,埃厄忒斯叫他去駕上了軛,播種龍牙,因為他從雅典那得著了卡德摩斯在忒拜種過的那龍牙的一半。伊阿宋正在皇惑,怎麼才能駕那公牛,墨得亞對他卻有了愛情,她是一個巫女,是埃厄忒斯與俄刻阿諾斯的女兒厄底伊亞的女兒。怕得他會被牛所害,她瞞過了她的父親,應允幫助他去駕那牛,給他羊皮,若是他立誓娶她為妻,帶了她一同回到希臘去。伊阿宋立了誓,她給他一種藥,叫他在將要去駕牛的時候,塗他的盾和槍以及自己的身體,因為她說,用這塗了之後,他可以在一日裡不為火與鐵所傷害。她又告訴他,牙齒種下去的時候,會得有武裝的人從地裡跳出來奔向他去,看見他們聚集了一群,就遠遠地把石頭拋在他們中間,在他們因此互相打仗時便將他們殺了。伊阿宋聽了這話,用藥塗好了,走到那神廟的

第九章

樹林裡去找那公牛，雖然那牛帶著火焰衝來，他終於把它們駕在軛下了。他種下牙齒去，從地裡就長出武裝的人來，他看見在那裡聚集了好些人，乃偷偷地丟擲石頭去，乘他們互相打仗的那時走近前去，把他們殺了。但是雖然他已駕好了公牛，埃厄忒斯並不給那羊皮，他卻在想燒了阿耳戈船，殺卻那些船員。可是在這之前墨得亞於夜中帶了伊阿宋往羊皮那裡去，用了她的藥使得守護的龍睡著，她拿到羊皮，同了伊阿宋來到阿耳戈船上。同她來的還有她的兄弟阿普緒耳托斯。阿耳戈船員們同了他們即在夜間出發了。

　　二四　埃厄忒斯得知了墨得亞的大膽行為的時候，他即出發去追趕那船，但是她看見他來近了，墨得亞殺害了她的兄弟，支解開了，拋在海裡。埃厄忒斯收集他兒子的肢體，在追趕中落了後，他於是迴轉去，把收得的他兒子的肢體埋葬了，就叫那地方名為托摩伊（意云碎片）。但是他差遣許多科爾喀斯人出來搜尋阿耳戈船，恐嚇說假如不將墨得亞找回去，他們將受到她所該當的「處罰」。於是他們分散，各自尋找去了。那阿耳戈船員們已經駛過厄里達諾斯河，宙斯因為阿普緒耳托斯的殺害生了氣，遭暴風襲去，使得他們漂流迷路。在他們行經阿普緒耳提得斯群島的時候，船說起話來道，宙斯的怒不會停止，假如他們不

往奧索尼亞去,由喀耳刻給祓除殺害阿普緒耳托斯的罪。於是他們駛過利古斯和開爾泰的民族,又通過了薩耳陀多海,沿著堤瑞尼亞,到得埃埃厄地方,在那裡請求喀耳刻得到了祓除。

二五　他們駛過賽蓮們的旁邊的時候,奧菲斯唱起對抗的樂調來,制止了阿耳戈船員們。部忒德斯獨自游泳向賽蓮去了,但阿芙蘿黛蒂把他搶去,放在利呂拜翁地方。在賽蓮之後,那船又遭見了卡呂布狄斯與斯庫拉,以及遊巖,在那上面看見有許多火焰和煙升起。但是忒提斯和海的神女們應了赫拉的命令,駕駛那船通過這些地方。經過了特里那喀亞島,那裡有赫利俄斯的牛群,他們來到科耳庫拉,是淮阿刻斯人的島,國王是阿耳喀諾俄斯。可是科爾喀斯人不能找到那船,有些人定居於刻勞尼俄斯山間,有的走到伊呂利亞,移殖於阿普緒耳提得斯群島。但有些來到淮阿刻斯人那裡,發見了阿耳戈船,他們要求阿耳喀諾俄斯交出墨得亞來。他答說,若是她已經與伊阿宋交會了,將把她給予他,假如還是處女,他將送還給她父親去。可是阿耳喀諾俄斯的妻阿瑞忒預先把墨得亞配與伊阿宋了,因此那科爾喀斯人就在淮阿刻斯人中間住下,阿耳戈船員們同了墨得亞出發去了。

二六　他們在夜間航海,遇著了暴風。阿波隆站在墨

第九章

蘭提俄斯山嶺上,發下電光來,射一箭到海裡去。那時他們看見有一島相近,就停泊下來,因為這是出於不意地出現的,就叫它作阿那斐(出現)島。於是他們築了光明阿波隆的一個祭壇,祭獻以後大家分胙宴享,有十二個使女是阿瑞忒贈與墨得亞的,她們與首領們遊戲嘲笑,自此以後成為習俗,婦人在祭祀時常為嘲笑。從那裡出發,他們到了克瑞忒,被塔洛斯所妨害不能上岸。有人說他是青銅種族的人,別的說是赫淮斯托斯贈與彌諾斯王的,他是一個青銅的人,但也有人說他乃是公牛。他有一根血管從頸間連到腳踝,在血管的末端插上一個青銅釘。這個塔洛斯看守著,在一日裡環行這島三次,因此他看見阿耳戈船靠近岸來,就扔石頭過去。他為墨得亞所欺騙而死,據有些人說,她用藥使得他發了狂,或如別的所說,應允使得他長生不死,把那釘拔去,於是神血全都流出,他就死了。但是又有些人說,被波阿斯射中腳踝,因而死亡的。在那裡停留了一夜之後,他們在埃癸那停泊去汲水,在他們中間舉行了一個汲水的競賽。從那裡他們駛過歐玻亞與洛克里斯之間,來到伊俄耳科斯,計在四個月中完成了整個路程。

二七 珀利阿斯計算阿耳戈船員們不會回來了,想要殺害埃宋,但他請求讓他自盡,在舉行祭祀的時候,他喝

了許多的牛血,遂死去了。伊阿宋的母親詛咒了珀利阿斯之後,留下一個幼小的兒子普洛瑪科斯,自己吊死了,但珀利阿斯連她所留下的這個兒子也給殺了。伊阿宋回來了,將羊毛交上去,他想要報他的仇,可是等候著時機。在這時候他同首領們駛到伊斯特摩斯去,把那船獻給了波塞頓,隨後請求墨得亞告訴他,怎樣地使得珀利阿斯受到他的懲罰。她於是走到珀利阿斯的宮裡去,勸告他的女兒們把她們的父親骨肉碎切,拿來煮了,她答應用藥再把他變成年輕,為得她們信用起見,她將一隻公羊切開煮了,把它變為羔羊。她們相信了,便把她們的父親骨肉碎切,拿來煮了。但是阿卡斯托斯同了伊俄耳科斯人的幫助將他的父親埋葬了,把伊阿宋與墨得亞驅逐出伊俄耳科斯。

二八 他們來到科王托斯,在那裡幸福地住了十年,直到科王托斯的王克瑞翁將他的女兒格勞刻許給了伊阿宋,他娶了她,卻把墨得亞休棄了。但是她呼籲伊阿宋所憑以立誓的諸神,在反覆責難伊阿宋忘恩負義之後,她把一件浸過毒藥的長衫送去給那新娘,格勞刻穿了上去,便即為猛火所燒,和奔去救她的父親一同燒死。她又殺了她和伊阿宋所生的兩個兒子,墨耳墨洛斯與斐瑞斯,從赫利俄斯得到了一輛飛龍的車,她坐上逃往雅典去了。別一說云她逃走時留下了那還是嬰孩的兒子,放在高天赫拉的祭

第九章

壇上以求保護，但是科王托斯人把他們移開，傷害他們以至於死。墨得亞來到雅典，嫁給了埃勾斯，生了兒子墨多斯。但是後來她要謀害忒修斯，同了她的兒子被逐出了雅典。墨多斯征服了許多蠻族，將他治下的全部地域稱為墨狄亞，後來往徵印度人，遂以死亡。墨得亞不給人知道來到科爾喀斯，得知埃厄忒斯被他的兄弟珀耳塞斯奪了王位，乃殺了珀耳塞斯，將王位還給了她的父親。

原本第一卷

原本第二卷

第一章

一　已經說過了丟卡利翁的一系，我們現在要講伊那科斯的那一系了。

在俄刻阿諾斯與忒提斯之間有一個兒子伊那科斯，在阿耳戈斯的伊那科斯河就以他為名。在他與俄刻阿諾斯的女兒墨利亞之間有兩個兒子，佛洛紐斯與埃癸阿琉斯。埃癸阿琉斯死了沒有子女，全個土地就稱為埃癸阿利亞，佛洛紐斯君臨全部後來稱作珀羅蓬涅索斯的土地，與神女忒勒狄刻生了阿庇斯與尼俄柏。阿庇斯把他的君權轉變成霸主，將珀羅蓬涅索斯依照他的名字稱為阿庇亞，他是個嚴厲的霸主，因此為忒爾克西翁與忒爾喀斯所謀害，死了沒有子女，後來被當作神明，稱曰塞剌庇斯。但在尼俄柏與宙斯之間（她是宙斯所寵幸過的第一個凡人女子），有一個兒子阿耳戈斯，又據俄枯西拉俄斯說，又一個兒子珀拉斯戈斯，珀羅蓬涅索斯的住民便依照他的名字稱為珀拉斯戈伊人。可是赫西俄多斯說，珀拉斯戈斯乃是土生的人。關於他我將來還要說到。

二　但是阿耳戈斯接受了國土，將珀羅蓬涅索斯以他

為名，稱作阿耳戈斯，娶了思特律蒙與涅埃拉的女兒歐亞德涅，生了厄克巴索斯，珀剌斯，厄庇道洛斯，克里阿索斯，他繼承了王位。厄克巴索斯有一個兒子亞革諾耳，亞革諾耳有一個兒子阿耳戈斯，他被稱作「全見」。他有眼睛在他的全身上，力氣很大，他曾將作踐阿耳卡狄亞地方的公牛殺了，把那皮穿在身上，又有薩堤洛斯來欺侮阿耳卡狄亞人，搶奪他們的牲畜的時候，阿耳戈斯抵抗他，將他殺了。據說塔耳塔洛斯與伽亞的女兒厄喀德那常劫走行人，也被阿耳戈斯在她睡著的時候殺掉了。他又報復阿庇斯的被殺，殺了那些罪人。

三　在阿耳戈斯與阿索波斯的女兒伊斯墨涅之間，有一個兒子伊阿索斯，據說伊俄是他所生的。但是紀年史家卡斯托耳和許多悲劇作者說伊俄乃是伊那科斯所生的，赫西俄多斯與俄枯西拉俄斯則說她是珀王的女兒。在她做著赫拉的女祭司的時候宙斯誘惑了她，但後來為赫拉所知道了，他用手一觸那女子，將她變成一隻白牛，立誓說他不曾同她有關係，因此赫西俄多斯說關於戀愛的事的賭咒不會引動神明的憤怒。但赫拉問宙斯把那牛要了去，叫那全見的阿耳戈斯看守著她。菲勒庫得斯說這阿耳戈斯是阿瑞斯托耳的兒子，但阿斯克勒庇阿得斯說是伊那科斯的一個兒子，刻耳科普斯說是阿耳戈斯與阿索波斯的女兒伊斯墨

涅的兒子，俄枯西拉俄斯則說他乃是土生的。他將她拴在密刻奈樹林中的一棵橄欖樹上。但是宙斯命令赫耳墨斯去偷那牛，因為希厄剌克斯把這話說出去了，他不能再偷偷地去做，所以擲過一塊石子去將阿耳戈斯打死了，從此他被稱為阿耳癸豐托斯，意云殺阿耳戈斯的。赫拉隨後打發一隻牛虻去襲擊那母牛，她首先到了那地方，現今用她的名字稱為伊俄尼亞灣，隨後走過伊呂利亞地方，翻過哈摩斯山，她渡了那時稱為特剌刻海峽的，但現在以她為名叫做波斯福洛斯了，意云牛津。她走到斯庫提亞和鏗墨里亞地方，在歐亞兩地遊行過許多陸地，泅渡廣闊的海面，直到後來到了埃及，在那裡她恢復了原來的形狀，在尼羅河旁生了一個兒子厄帕福斯。赫拉叫枯瑞忒斯把他除去，他們就把他除去了。宙斯知道了這事的時候，他殺了枯瑞忒斯，但伊俄卻出去找尋她那孩子去了。她在敘利亞到處遊行，因為據人說彼布羅斯王的妻養育著她的兒子，在找到了厄帕福斯之後，她來到埃及，嫁給了那時君臨著埃及人的德勒戈諾斯。她建立了一座得墨忒耳的神像，埃及人稱她作伊西斯，他們叫伊俄也同樣地稱為伊西斯。

四　厄帕福斯君臨埃及人，娶了尼羅河的女兒門菲斯，建設一個城市，用她的名字叫做門菲斯，生了女兒利彼亞，利彼亞土地便以她為名。在利彼亞與波塞頓之間有

第一章

雙生兒子阿革諾耳與柏羅斯。阿革諾耳去到腓尼基，在那裡為王，便成了一大宗族的祖先，所以我們暫且不表。但柏羅斯留在埃及，統治全國，娶了尼羅河的女兒安喀諾厄，生有雙生兒子埃及普托斯和達那俄斯，但據尤里比底斯說，還有刻甫斯與菲紐斯。柏羅斯使達那俄斯定居於利彼亞，埃及普托斯定居於亞剌比亞，但埃及普托斯征服了墨蘭波得斯的國土，用他的名字叫做埃及。因了許多妻女，埃及普托斯生有五十個兒子，達那俄斯有五十個女兒。後來因為國土的事互有衝突，達那俄斯怕懼埃及普托斯的兒子們，因了雅典那的勸告，造了一隻船，這是他第一個創造的，將女兒們裝載了便即逃去。他到了羅得斯島，建立了林多斯的雅典那神像。從那裡他來到阿耳戈斯，那時為王的革拉諾耳把王位讓給了他，在他使自己成為國主之後，就用他的名字叫那些住民為達那俄伊人。但是那地方沒有水，因為伊那科斯證言這土地是屬於赫拉的，俄刻阿諾斯對他生氣，使一切的水泉都乾涸了，所以達那俄斯使他的女兒們出去汲水。其中之一人阿密摩涅，在尋水的時候投標槍打一隻鹿，打中了睡著的一個薩堤洛斯，他驚起了，想要對她用強，但是俄刻阿諾斯出現了，薩堤洛斯逃走，阿密摩涅便和俄刻阿諾斯睡了，他告訴了她在勒耳柰的那些水泉。

五　但是埃及普托斯的兒子們來到阿耳戈斯，勸告達那俄斯擱下那仇恨，請求和他的女兒們結婚。達那俄斯不相信他們的說話，也還記著他流亡的舊怨，但允許了這婚姻，將那些女子分配了。他們先挑出許珀耳涅斯特拉，她是最長的，給林叩斯，戈耳戈福涅給普洛透斯為妻，因為他們是一個王族的女人阿耳古菲亞給埃及普托斯所生的，其他的人部西里斯，恩刻拉多斯，呂科斯與達佛戎各拈鬮得著歐洛珀給達那俄斯所生的那些女兒，即是奧托瑪忒，阿密摩涅，阿考厄與斯開厄。這些女兒都是一個王后給達那俄斯所生的，但許珀耳涅斯特拉與戈耳戈福涅乃是厄勒方提斯所生的。還有伊斯特洛斯得了希波達彌亞，卡爾科冬得了洛狄亞，阿革諾耳得了克勒俄帕特拉，卡托斯得了阿斯忒里亞，狄俄科律斯忒斯得了希波達墨亞，阿爾刻斯得了格勞刻，阿爾克墨諾耳得了希波墨杜薩，希波托俄斯得了戈耳革，歐刻諾耳得了伊菲墨杜薩，希波呂托斯得了洛得。這十個兒子是一個亞刺伯女人所出，那女郎們乃是幾個樹木神女所生，有些是阿特蘭提亞的，有些是福柏的女兒。又阿伽普托勒摩斯得了珀瑞涅，刻耳刻忒斯得了多里翁，歐律達瑪斯得了法耳提斯，埃癸俄斯得了謨涅斯特拉，阿耳癸俄斯得了歐希珀，阿耳刻拉俄斯得了阿那克西比亞，墨涅瑪科斯得了涅羅。這七個兒子是一個腓尼基女

第一章

人所出,那女郎們則是埃提俄庇亞女人所生的。堤里亞所生的兒子們沒有拈鬮,分配了門菲斯所生的女兒們,因了名字的相似,克勒托斯得了克勒忒,斯忒涅羅斯得了斯忒涅勒,克律西波斯得了克律西珀。海洋神女卡利阿德涅所生的十二個兒子拈鬮分得了海洋神女波呂克索所生的女兒,那兒子們是歐律羅科斯,方忒斯,珀里斯忒涅斯,赫耳摩斯,特律阿斯,波塔蒙,喀修斯,利克索斯,印布洛斯,布洛彌俄斯,波呂克托耳,克托尼阿斯,女子為奧托諾厄,忒阿諾,厄勒克特拉,克勒俄帕特拉,歐律狄刻,格勞喀珀,安忒勒亞,克勒俄多瑞,歐希珀,厄剌托,斯堤格涅,布律刻。戈耳戈給埃及普托斯所生的兒子們拈鬮分得庇厄里亞所生的女兒們,即珀里法斯得了阿克泰亞,俄紐斯得了波達耳刻,埃及普托斯得了狄俄克西珀,墨那爾刻斯得了阿狄忒,蘭波斯得了俄庫珀忒,伊德蒙得了皮拉耳革。這些是最年青的兒子們,伊達斯得了希波狄刻,達伊佛戎得了阿狄安忒,(她們的母親是赫耳塞,)潘狄翁得了卡利狄刻,阿耳柏羅斯得了俄伊墨,許珀耳比俄斯得了刻賴諾,希波科律斯忒斯得了許珀里珀,他們都是赫淮斯提涅所出,她們則出於克里諾的。

　　他們拈鬮分得了配偶的時候,達那俄斯大開宴會,將短劍分給他的女兒們。她們都將睡著的新郎殺了,除了許

珀耳涅斯特拉，她救了林叩斯，因為他尊重她的童貞，因此達那俄斯將她關了起來，加以看守。但達那俄斯的其他女兒們將她們新郎的頭埋在勒耳柰，他們的身體放在城前預備安葬，因了宙斯的命令，雅典那與赫耳墨斯給她們祓除了。後來達那俄斯叫許珀耳涅斯特拉與林叩斯同居，將其他的女兒分給了體育競技的優勝者。

　　阿密摩涅與波塞頓生了瑙普利俄斯。他活到高年，常航行海上，用了篝火引誘他所遇著的人置之於死。因此後來他自己也是這樣死的。但在他未死之前，他娶了妻，據那些悲劇作者們說，她是卡特柔斯的女兒克呂墨涅，但據那《還家記》的作者說，她是菲呂拉，據刻耳科普斯說乃是赫西俄涅，生了帕拉墨得斯，俄伊阿克斯，瑙西墨冬。

第二章

一　林叩斯在達那俄斯之後統治阿耳戈斯，因了許珀耳涅斯特拉生有一個兒子阿巴斯。在阿巴斯與曼提紐斯的女兒阿格賴亞之間生了雙生兒子，阿克里西俄斯與普洛托斯。這兩人在腹內時便互相打架，長大了的時候因了王位而戰爭，在戰爭中間他們是第一個發明用盾的。阿克里西俄斯得了勢，將普洛托斯逐出了阿耳戈斯，普洛托斯來到呂喀亞找「國王」伊俄巴忒斯，或如別人所說是安菲阿那克斯，娶了他的女兒，據荷馬說是安忒亞，但悲劇作者們稱她為斯忒涅玻亞。他的妻父用了呂喀亞的兵力使他復國，他占領了提王斯，庫克羅珀斯們給他建築了城牆。他們把阿耳戈斯全部分了，定居下來，阿克里西俄斯統治著阿耳戈斯，普洛托斯統治著提王斯。

二　阿克里西俄斯因了拉刻代蒙的女兒歐律狄刻生了女兒達那厄，普洛托斯因了斯忒涅玻亞生了呂西珀，伊菲諾厄與伊菲阿那薩。這些女兒長成了的時候，她們發了風狂，據赫西俄多斯說，因為她們不接受狄俄倪索斯的儀式，但據俄枯西拉俄斯說，則因為她們譭謗赫拉的木像之

故。在發狂中，她們遊行阿耳戈斯全部地方，後來透過了阿耳卡狄亞和珀羅蓬涅索斯，很是狂亂地在荒野上奔走。但是阿密塔翁和阿巴斯的女兒伊多墨涅的兒子墨蘭浦斯，是個預言者，是第一個發明了用藥劑與祓除醫病的人，他應允治癒那些女孩子，若是他能得到國土的三分之一。普洛托斯不願意給這樣大的醫療的報酬，那些女孩們風狂得更利害了，而且別的女人們也同了她們一起發起風來，因為她們離開她們的家，殺害她們自己的孩子，都跑到荒野裡去。直到這災害鬧得很大，普洛托斯才肯照付那所索的報酬。他（墨蘭浦斯）應允治療，只要他的兄弟比阿斯也得到和他同樣的國土。普洛托斯顧慮這治療遲延下去，會得要求愈多，他便答應照這數目請他治療。於是墨蘭浦斯帶了些最是強壯的青年人來，大聲叫喊，神附了體似地跳舞著，把她們從山中追趕到西庫翁地方。在追趕之中，最長的女兒伊菲諾厄死去了，但其餘的女人都得到祓除，恢復了常態。普洛托斯將她們嫁給了墨蘭浦斯與阿巴斯，後來生了一個兒子墨伽彭忒斯。

第三章

一　西緒福斯的兒子格勞科斯之子柏勒洛豐無意中殺死他的兄弟得利阿得斯，或如別人所說是珀楞，又或說是阿耳喀墨涅斯，走到普洛托斯那裡，被祓除了。斯忒涅玻亞愛上了他，帶信給他約會，但他拒絕了，她對普洛托斯去說，柏勒洛豐送給她誘惑的約會。普洛托斯相信了，便給他一封書信去送給伊俄巴忒斯，信裡寫的是叫他殺害柏勒洛豐。伊俄巴忒斯看了信之後，命令他去殺那喀邁拉，以為他當被那野獸所殺害，因為那東西不但個人就是許多人也敵不過，它有獅子的前半身，龍的尾巴，中央的第三個頭是山羊的，從那裡噴出火來。它毀滅田地，殘害牲畜，因為它一個生物而有三種野獸的力量。據說這喀邁拉為阿彌索達瑞斯所豢養，如荷馬所說明，又如赫西俄多斯所講，乃是堤豐與厄喀德那所生的。

二　於是柏勒洛豐騎上了他所有的飛馬珀伽索斯，這是墨杜薩與波塞頓所生的，起在高空中，從上邊把喀邁拉射死了。在這爭鬥之後，伊俄巴忒斯命令他去和索呂摩伊人打仗。在他殲滅了他們的時候，他挑出呂喀亞的著名勇

敢的好些人，叫他們去設伏，將他殺害。但是柏勒洛豐又將他們都殺了，伊俄巴忒斯佩服他的勇力，把那信給他看了，請求他留在他那裡，並且還將女兒菲羅諾厄給了他，死後把王位傳授於他。

第四章

一　阿克里西俄斯去求乩示，怎樣可以得到一個男孩，神說他的女兒將生一個兒子，將要殺害了他。阿克里西俄斯怕懼這事，乃在地下造了一間青銅的住室，把達那厄關在裡邊。可是她被人誘惑了，有人說是普洛托斯，因此發生了他們兄弟間的糾紛，但有人說是宙斯，他化身為金「雨」，從屋頂流入達那厄的懷中，和她交會了。後來阿克里西俄斯知道了她生子珀耳修斯的時候，他不肯相信她是被宙斯所誘惑的，把他的女兒和那小孩放在一個箱子裡，拋下海去。那箱子漂流到塞里福斯的岸邊，狄克堤斯得到那孩子，便留養了他。

二　狄克堤斯的兄弟波呂得克忒斯那時是塞里福斯的王，他愛上了達那厄，但是因為珀耳修斯已長大，不能夠去接近她，於是他招集了他的朋友，連珀耳修斯在內，說是為的要徵集送給俄諾瑪俄斯的女兒希波達墨亞的結婚禮物。珀耳修斯曾經說過，他就是要戈耳戈的頭也不在乎，波呂得克忒斯問別人要馬，從珀耳修斯沒有得到馬，他便叫他去拿戈耳戈的頭來。於是在赫耳墨斯與雅典那引導之

下,他走去找福耳科斯的女兒們,即是厄倪阿,珀佛瑞多與得諾,因為她們是刻托與福耳科斯所生,是戈耳戈們的姊妹,生下來就是老婆子。那三個人只有一隻眼睛與一個牙齒,她們把這個彼此互動地用著。珀耳修斯獲得了眼睛與牙齒,她們問他討還的時候,他說可以還給她們,只須將往神女那裡去的路告訴給他。那些神女有那有翼的鞋,和那喀比西斯,據說這乃是一隻袋子。但是品達洛斯和赫西俄多斯在(赫剌克勒斯的)〈盾牌〉上說珀耳修斯道:

「全個背上是那個頭,可怕怪物

戈耳戈的,在這四周包著喀比西斯。」

這叫做喀比西斯,是因為在那裡放置衣服與食物。她們又有冥王的那盔。福耳科斯的女兒們告訴了他道路的時候,他還給她們眼睛與牙齒,來到神女們那裡,得到所要的東西,把袋子掛在身上,鞋子穿在腳上,盔戴在頭上。這樣穿著了,他可以看見要想看的人,別人卻不能看見他。他又從赫耳墨斯得到一把不屈金剛石的鐮刀,飛到海洋去,找著了戈耳戈們正是睡著。她們是斯忒諾,歐律阿勒與墨杜薩。只有墨杜薩是凡人可死的,為此珀耳修斯被差遣來要她的頭。那戈耳戈們有纏著龍鱗的頭,像野豬似的大牙,青銅的手,和金的翅膀,用這可以飛起來,凡是看見她們的人就都化成石頭。珀耳修斯站在她們的上頭,

乘她們睡著，雅典那引導著他的手，他回過頭去看著青銅的盾，在裡邊看見戈耳戈的影像，便把她斬了。她的頭斬下了的時候，從戈耳戈那裡跳出那飛馬珀伽索斯，以及克律薩俄耳，為革律翁的父親，這些乃是與波塞頓所生的。

三　於是珀耳修斯把墨杜薩的頭放在袋子裡，再走回來，但是戈耳戈們從睡眠中驚起，來追趕珀耳修斯，可是為了那盔她們看不見他，因為他是被這盔所隱藏了。

來到了埃提俄庇亞，那裡是刻甫斯做著國王，他發見國王的女兒安朵美達將被送去給海裡的怪物做食料。因為刻甫斯的妻子卡西厄珀亞與海洋神女們爭美，說是勝過她們一切，因此神女們很是氣憤，波塞頓也和她們一起生氣，派遣洪水和怪物上那地方去。但是安蒙預示免除災難的方法，只要把卡西厄珀亞的女兒安朵美達拿去給怪物做食料，刻甫斯被埃提俄庇亞人逼迫了這樣地辦，便將他的女兒捆縛在岩石上。珀耳修斯看見了她的時候，就愛上了她，他應允刻甫斯殺死那怪物，若是他肯將被救的女郎給他做妻子。這事立誓決定了，珀耳修斯去抵抗那怪物，把它殺了，救了安朵美達。可是菲紐斯是刻甫斯的兄弟，起初與安朵美達有過婚約，要謀害珀耳修斯，但是他知道了這陰謀，拿出戈耳戈（的頭）來，把他和同謀的人都化成了石頭。來到塞里福斯的時候，他得知他的母親同了狄克

堤斯躲在神壇下，避免波呂得克忒斯的強迫，他走進王宮去，那裡波呂得克忒斯正聚集著他的朋友，他拿出戈耳戈的頭來，自己轉過臉去，凡是看見的人都化成了石頭，各自保持著當時的姿勢。他立了狄克堤斯為塞里福斯的王，將鞋與袋子與盔還給赫耳墨斯，但那戈耳戈的頭他給了雅典那。赫耳墨斯把上面所說的各物還了神女們，雅典那則將戈耳戈的頭放在她的盾的中間。有人說墨杜薩是為了雅典那而被斬的，他們說那戈耳戈想要同女神去比美云。

四 珀耳修斯同了達那厄與安朵美達趕到阿耳戈斯去，想去看阿克里西俄斯。但是他聽到了這事，怕懼那乩示的預言，便離去阿耳戈斯，走到珀拉斯戈伊人的地方去了。那時拉里薩的王透達彌得斯舉行一個體育競技會，以紀念他故去的父親，珀耳修斯便來參加競賽。他是在賽五項競技，但在擲鐵環的時候，他打中了阿克里西俄斯的腳，這立即把他打死了。他看出這預言終於完成了，便將阿克里西俄斯葬在城外，覺得回到阿耳戈斯去接受由他而死的人的遺業很是慚愧，乃走去找在提王斯的普洛托斯的兒子墨伽彭忒斯，和他交換，將阿耳戈斯交給了他。於是墨伽彭忒斯統治阿耳戈斯，珀耳修斯則統治提王斯，把彌得亞與密刻奈也建造了城牆。

五 珀耳修斯因了安朵美達生了些兒子，在他來到希

第四章

臘之前有珀耳塞斯，他將他留下在刻甫斯那裡，據說那些波斯國王就是由他而出的，在密刻奈有阿耳卡俄斯與斯忒涅洛斯與赫勒俄斯，墨斯托耳與厄勒克特律翁，女兒戈耳戈福涅，珀里厄瑞斯娶了她。

在阿耳卡俄斯與珀羅普斯的女兒阿斯堤達墨亞之間有一個兒子安菲特律翁和女兒阿那克索，但或者說是顧紐斯的女兒拉俄諾墨，又有些人說是墨諾叩斯的女兒希波諾墨所生的，在墨斯托耳與珀羅普斯的女兒呂西狄刻之間則有希波托厄。波塞頓把這希波托厄搶去，帶到厄喀那得斯島，在那裡和她交會了，生了塔菲俄斯，他開闢了塔福斯，叫那人民為忒勒玻亞人，因為他遠去了他的故鄉。塔菲俄斯有一個兒子普忒瑞拉俄斯，波塞頓使得他成為不死，在他的頭上給種了一根金髮。普忒瑞拉俄斯有些兒子，即克洛彌俄斯，堤蘭諾斯，安提俄科斯，喀耳西達瑪斯，墨斯托耳，歐厄瑞斯。

厄勒克特律翁娶了阿耳卡俄斯的女兒阿那克索，生了女兒阿爾克墨涅，兒子斯特剌托巴忒斯，戈耳戈福諾斯，費羅諾摩斯，刻賴紐斯，安菲瑪科斯，呂西諾摩斯，刻里瑪科斯，安那克托耳，阿耳刻拉阿斯，在這之後他又因了一個佛律癸亞的女人彌得亞生有一個私生子利鏗尼俄斯。

在斯忒涅洛斯與珀羅普斯的女兒尼喀珀之間有女兒阿

爾庫俄涅與墨杜薩，後來又有一個兒子歐律斯透斯，他也統治了密刻奈。因為在赫剌克勒斯將生的時候，宙斯在諸神面前聲言，珀耳修斯的子孫那時誕生的當統治密刻奈，赫拉因了嫉妒乃運動厄勒堤亞遲延阿爾克墨涅的生產時期，安排好了使得斯忒涅洛斯的兒子歐律斯透斯早生，是一個七月的嬰孩。

　　六　厄勒克特律翁統治著密刻奈的時候，普忒瑞拉俄斯的兒子們同了些塔福斯人走來，要求他們的外祖父墨斯托耳的遺業，因為厄勒克特律翁不理這事，他們乃把他的牛群趕走了，厄勒克特律翁的兒子們出來搶救，他們衝突起來，互相殺傷。厄勒克特律翁諸子中得免的只有利鏗尼俄斯，那時還是幼小，普忒瑞拉俄斯的諸子中有歐厄瑞斯，他是看守著船隻。那些逃走的塔福斯人開船走了，帶了他們所搶的牛群，把它們付托了厄勒亞人的王波呂克塞諾斯，但是安菲特律翁把它們從波呂克塞諾斯那裡贖了出來，帶到密刻奈來了。厄勒克特律翁想要報復兒子的死，準備去攻忒勒珀亞人，便將王位交給了安菲特律翁，以及他的女兒阿爾克墨涅，立誓約定在他回來以前要保持她的童貞。但是在他接收牛群的時候，一隻母牛奔了過來，安菲特律翁把手裡拿著的棍棒向它扔去。可是這棍棒從牛角上反跳過來，落在厄勒克特律翁的頭上，把他打死了。斯

忒涅洛斯拿這做口實，將安菲特律翁流放於阿耳戈斯全區域之外，他自己得到了密刻奈與提王斯的王位，又叫了珀羅普斯的兒子阿特柔斯與提厄斯忒斯來，將彌得亞地方付托了他們。

安菲特律翁同了阿爾克墨涅與利鏗尼俄斯走到忒拜，由克瑞翁給被除了，又將他的姊妹珀里墨得給了利鏗尼俄斯。因為阿爾克墨涅說過，在他報復了她兄弟的死的時候，她將嫁他，安菲特律翁答應，要進攻忒勒玻亞人，叫克瑞翁來幫助他。克瑞翁說他將去從軍，若是安菲特律翁先給除滅了卡德墨亞的狐狸，因為有一隻野狐在擾害卡德墨亞地方。但是雖然安菲特律翁答應去做，可是這是前定的，沒有人能夠捉到它。

七　那地方很被擾害，忒拜人乃於每月供應一個市民的小孩給它，假如不是這樣做，它將搶去更多的人。安菲特律翁於是走到雅典，去找得俄紐斯的兒子刻法羅斯，允許給他忒勒玻亞的財帛的一部分，勸說他帶了那狗來幫助打獵，那是普洛克里斯從克瑞忒島得來，為彌諾斯所給的，這也是前定的，凡這狗所追逐的必將捕獲。那時狐狸正被狗所追逐，宙斯乃將兩者都化成為石頭。安菲特律翁得到這些人為同盟軍，即是從在阿提刻的托里科斯來的刻法羅斯，從福喀斯來的帕那剖斯，從在阿耳革亞的赫羅斯

來的赫勒俄斯，從忒拜來的克瑞翁，便來攻略塔福斯諸島。現在可是在普忒瑞拉俄斯活著的時候，他不能得到塔福斯，但普忒瑞拉俄斯的女兒科邁托愛上了安菲特律翁，從她父親的頭上拔去了那金頭髮，普忒瑞拉俄斯死了，安菲特律翁乃占據了全部的島嶼。他殺了科邁托，帶了掠物駛向忒拜，去把那諸島給了赫勒俄斯與刻法羅斯，他們建築都市，以他們自己為名，住下在那裡了。

八　但是在安菲特律翁達到忒拜以前，宙斯乘夜來到那裡，把一夜延長了三倍的長，他變作安菲特律翁的模樣，與阿爾克墨涅同床，講述關於忒勒玻亞人的經過情形。安菲特律翁回來，看出他的妻子對他並不歡待，便詢問原因，在她告訴了他，前夜他已來過，和她同睡了的時候，他從忒瑞西阿斯那裡得知了宙斯和她同居的事情。阿爾克墨涅生了兩個兒子，宙斯的是赫剌克勒斯，年長一夜，安菲特律翁的是伊菲克勒斯。那小兒剛有八個月，赫拉派遣兩條極大的蛇來到床上，想要害死他。阿爾克墨涅大聲叫安菲特律翁來救助，可是赫剌克勒斯站了起來，用他的兩手把它們都扼死了。但菲勒庫得斯說，這是安菲特律翁，他想知道哪一個兒子是他的，把那蛇放在床上，在伊菲克勒斯逃走，赫剌克勒斯卻來抵抗的時候，他知道伊菲克勒斯乃是他所生的了。

第四章

九 赫剌克勒斯由安菲特律翁教他趕車，奧托呂科斯教摔跤，歐律托斯教射箭，卡斯托耳教兵甲戰，利諾斯教彈豎琴。這人是奧菲斯的兄弟，他來到忒拜，就成了忒拜人，卻為赫剌克勒斯用豎琴所打而死，因為赫剌克勒斯被打生了氣，乃將他打死。在被審問殺人的時候，赫剌克勒斯引了剌達曼托斯的一條法律，說凡是防禦不法的攻擊者無罪，因此得以放免。但是安菲特律翁怕他再幹出這樣的事來，便派他到牧場上去，他被養育在那裡，在身材與力氣上都勝過一切的人。就形相上看也是顯然的，這是宙斯的兒子，因為他的身高四肘，從眼裡閃出火光來。無論射箭或是投槍，他沒有不中的。

他住在牛群裡，剛到十八歲的時候，殺了喀泰戎的獅子，因為這獅子從喀泰戎竄出來，傷害安菲特律翁和忒斯庇俄斯的牛群。

一〇 這個忒斯庇俄斯是忒斯庇埃人的王，赫剌克勒斯想要捉那獅子，便走去找他。那國王招待了他五十日，每夜赫剌克勒斯出去打獵，他叫他的一個女兒去和他同床，（因了阿耳紐斯的女兒墨伽墨得他生有五十個女兒）因為他極想她們都和赫剌克勒斯生育子女。赫剌克勒斯以為同床的永是那一個人，所以和她們全都交會了。制服了獅子之後，他穿上了那皮，把張嘴的頭當作了他的盔。

一一　他從打獵回來，有些由厄耳癸諾斯派去接受忒拜人的貢品的使者與他遇見。忒拜人送貢品給厄耳癸諾斯的原因是如此的，彌倪亞人的王克呂墨諾斯被墨諾叩斯的一個名叫珀里厄瑞斯的車伕，在翁刻斯托斯的波塞頓廟境內，用石塊所打傷了，半死地被送到俄耳科墨諾斯那裡，臨終時嚴命他的兒子厄耳癸諾斯要給他報仇。於是厄耳癸諾斯進攻忒拜，殺了不少的忒拜人，再立誓定約，要忒拜人給他進貢二十年，每年牛一百頭。赫剌克勒斯對於這去到忒拜接受這貢品的使者一行大肆殘虐，因為他割去他們的耳鼻和手，用繩子將這些掛在他們的胸前，叫他們帶這貢品給厄耳癸諾斯和彌倪亞人去。厄耳癸諾斯因此大為憤怒，便來攻忒拜。但是赫剌克勒斯從雅典那得到了兵器，自己統率作戰，殺了厄耳癸諾斯，打散了彌倪亞人，強迫他們加倍地進貢於忒拜人。在戰爭中，安菲特律翁勇敢地奮戰，卻是戰死了。赫剌克勒斯乃從克瑞翁得到他的長女墨伽拉，算作勇士的獎品，他因了她生有三個兒子，特里瑪科斯，克瑞翁提阿得斯，得科翁。但克瑞翁將他的小女兒給了伊菲克勒斯，他從前因了阿爾卡托斯的女兒奧托墨杜薩已生有一個兒子伊俄拉俄斯。在安菲特律翁死後，宙斯的兒子剌達曼堤斯娶了阿爾克墨涅，當作一個亡命者住在玻俄提亞的俄卡勒埃地方。

第四章

赫剌克勒斯從前從歐律托斯學了射術，又從赫耳墨斯得到一把劍，從阿波隆得到弓箭，從赫淮斯托斯得到金的胸甲，從雅典那得到一件長袍，他自己曾在涅墨亞砍了一根木棍。

一二 在與彌倪亞人打仗之後，由於赫拉的嫉妒，赫剌克勒斯發起狂來，把他自己因了墨伽拉所生的兒子以及伊菲克勒斯的兩個兒子都扔到火裡去，因此他自己判定流亡在外，經忒斯庇俄斯被除了，來到得爾福，他詢問神明何處可住。那皮提亞女祭司其時初次叫他做赫剌克勒斯，以前他是稱作阿耳刻得斯的。她叫他去住在提王斯，給歐律斯透斯服役十二年，去做那吩咐他做的十件工作，她又說，在那工作完成了的時候，他將成為不死。

原本第二卷

第五章

一　赫剌克勒斯聽了這話，走到提王斯去，做那歐律斯透斯昐咐他的事。第一件他叫他去拿涅墨亞的獅子的皮來，那是一個不可傷害的生物，是堤豐所生的。在他去打獅子的路上，他來到克勒俄奈，住在一個叫做摩羅耳科斯的傭工的男子那裡。那人想要用犧牲祭祀，赫剌克勒斯叫他等候三十天，那時假如他打獵平安回來，祭獻給救難的宙斯，若是死了，那麼就給他算作對於英雄的上供。他到了涅墨亞，找著那獅子，先用箭射它，他發見這是不能傷害的時候，便舉起木棍，追了過去。那獅子躲進有兩個出口的洞穴裡，他把一個入口堵住了，從別個入口裡去找到那野獸，用兩隻手抱了它的項頸，緊緊搭住，直到它氣逼而死，乃將它扛在肩上，帶到克勒俄奈來。他看見摩羅耳科斯正在日期的末了將要當作英雄給他供獻犧牲，便祭了救難的宙斯，把獅子帶到密刻奈。歐律斯透斯見了他的英勇大為出驚，禁止他以後進到城裡，叫他只要把他的工作在城門口給一看就好了。他們說他因為害怕，給他自己做了一隻青銅的缸，躲在地底下，又說他叫一個使者即厄勒

亞人珀羅普斯的兒子科普柔斯傳達工作的命令。這人殺死了伊菲托斯，逃到密刻奈來，由歐律斯透斯給祓除了，便住下在那裡。

二　第二件工作他吩咐他去殺勒耳奈的水蛇。這蛇生長在勒耳奈的沼澤裡，出到平原上來，擾害那牛牲和地方。水蛇有一個很大的身體，有九個頭，八個可死，但中間一個是不死的。於是他上了車，由伊俄拉俄斯駕御著，來到勒耳奈，他停住了馬，發見那水蛇在一個山頂上，在阿密摩涅的水泉旁邊，那裡即是它的巢穴。他用火箭打它，逼它出來，這時他便捉住了它，抓緊不放。但是那水蛇纏住了他的一隻腳，也揪著他。他用木棍砸它的頭，一點都沒有用，因為一個頭砸了，那裡就長出兩個來。一隻很大的螃蟹也來幫助水蛇，鉗他的腳。他因此把它殺了，他也叫伊俄拉俄斯來幫助他，去燒著了附近一部分的樹林，拿那木橛來燒蛇頭的根，阻止它再出來。這樣制住了那生長的蛇頭，他把不死的頭砍了下來，埋好了，擱上一塊重的岩石，在從勒耳奈到厄勒俄斯去的路旁。但是那水蛇的身體他剖開了，用箭蘸在它的膽裡。可是歐律斯透斯說這不能算在十件工作之內，因為不是他獨自制住水蛇，卻是有伊俄拉俄斯的幫助的。

三　第三件工作他吩咐他去把刻律尼忒斯河的母鹿活

捉了來。這鹿是在俄諾厄，它有金的角，屬於阿耳忒彌斯，是神聖的，因此赫剌克勒斯不想傷害它，追了它整整一年。但是後來這獸被追得疲倦了，它躲藏在叫做阿耳忒彌西俄斯的山裡，從那裡走到拉冬河，在它正要渡河的時候，他射了一箭，便將它捉住了，放在肩上，急忙走過阿耳卡狄亞去。但是阿耳忒彌斯同著阿波隆遇見了他，要奪下那鹿，並且責備他想要殺害她的神聖的動物。可是他辯說這事之不得已，又把責任推給了歐律斯透斯，平了女神的氣，將那獸活的帶到密刻奈去。

四　第四件工作他吩咐他去把厄律曼托斯的野豬活捉了來，那野豬在擾害普索庇斯地方，從一座叫做厄律曼托斯的山裡出來。於是他走過福羅厄，被肯陶洛斯（馬人）福羅斯所款待，那是西勒諾斯與一個墨羅斯神女的兒子。他將烤肉供給赫剌克勒斯，自己卻吃生肉。赫剌克勒斯要酒吃，他說他怕開啟酒甕，那是肯陶洛斯們所共有的。但是赫剌克勒斯叫他膽放大點，把這開啟了，不久之間肯陶洛斯們聞了這香味，拿著石頭和杉樹做武器，來到福羅斯的洞穴。那首先勇於進來的是安喀俄斯與阿格利俄斯，由赫剌克勒斯拋過去燒著的木橛，被打倒了，其他被用箭射，直追趕到瑪勒亞為止。他們於是逃到刻戎那裡，他被拉庇泰人從珀利翁山趕走，就住在瑪勒亞。肯陶洛斯們圍

著刻戎都很害怕,這時赫剌克勒斯放出一箭來射他們,這穿過了厄拉托斯的臂膊,射在刻戎的膝蓋上。赫剌克勒斯大為著急,跑來給他拔出那箭,又把刻戎給他的藥敷上。可是這傷乃是不治的,蓋刻戎到洞穴裡去,他預備在那裡死去,但這是不可能。因為他是不死的,普洛墨透斯卻願替代了他不死,這樣刻戎才死了。其他的肯陶洛斯們各處逃散,有的來到瑪勒亞山,歐律提翁到福羅厄,涅索斯到歐厄諾斯河邊去了。還有其餘的波塞頓收容在厄琉西斯,將他們藏在山裡。但是福羅斯從死屍上拔出一枝箭來,心想這麼小東西殺得那麼大物覺得奇怪,卻從手裡滑下,落在他的腳上,立即死去。赫剌克勒斯回到福羅厄來,看見福羅斯死了,他便將他埋了,前去捕那野豬。他大聲叫喊把它從一個樹林中趕了出來,將那疲倦了的野獸追進深雪裡,捉住了,帶到密刻奈去。

五 第五件工作他吩咐他去把奧革阿斯的牛群的糞在一天裡全都除去。奧革阿斯乃是厄利斯的王,有人說他是赫利俄斯的兒子,或說是波塞頓的,又有人說是福耳巴斯的兒子,他有許多群的牛。赫剌克勒斯走去找他,沒有說明歐律斯透斯的命令,說他將於一日裡除去那些牛糞,假如他肯給他十分之一的牛群。奧革阿斯不大相信,可是他應允了。赫剌克勒斯叫奧革阿斯的兒子費琉斯作了中證之

後，乃在養牛的院子的牆基上打通了一個洞窟，再把靠近流著的阿耳珀俄斯河與珀涅俄斯河轉過來，引著向院子裡來，先做了別一個出口讓河水流出去。奧革阿斯知道了這是遵奉歐律斯透斯的命令而做的，他就不肯再給報酬，而且還否認曾經應允給酬的事，說關於這事他預備聽人家的評判。評判人都入了席，費琉斯被赫剌克勒斯叫上來，他作證反對他的父親，說他原是應許給他報酬的。奧革阿斯大為生氣，在未曾投石子表決之先，他命令費琉斯和赫剌克勒斯都走出厄利斯去。於是費琉斯走到杜利喀翁，在那裡住下，赫剌克勒斯則到俄勒諾斯去找得克薩墨諾斯，他碰見他正將被強迫地把他的女兒謨涅西瑪刻嫁給了肯陶洛斯歐律提翁，赫剌克勒斯被請去救助，乃乘那肯陶洛斯來到新娘那裡的時候將他殺了。但是歐律斯透斯也不肯把這一件算在十件工作之內，說因為這是為了報酬而去做的。

六　第六件工作他吩咐他去趕走那些斯廷法利斯的鳥。在阿耳卡狄亞的斯廷法洛斯城裡有一個名叫斯廷法利斯的湖沼，為繁密的樹林所包圍著。有無數的鳥都逃避到這裡來，為的怕被群狼所吃。赫剌克勒斯不知道怎麼才能把那鳥從樹林裡趕出來，那時雅典那給了他一副青銅拍板，這是她從赫淮斯托斯那裡得來的。在一座下臨湖沼的山上打起這拍板來，他嚇走了那鳥。它們受不住那聲音，

都驚惶地亂飛,這樣地他把它們射下來了。

七 第七件工作他吩咐他去帶那克瑞忒的公牛來。俄枯西拉俄斯說這就是給宙斯揹走了歐羅珀的那牛,但有人說,這是在彌諾斯說他將獻給波塞頓凡是從海裡出現來的東西的時候,波塞頓從海裡送來給彌諾斯的。他們說那時他見了這公牛的美麗,便將它送往牛群裡,而把別一頭牛去祭了波塞頓,因此神發了怒,使得那牛變野了。赫剌克勒斯來到克瑞忒島要捕這牛,請求彌諾斯協助,他只叫他自己去鬥,去捉住公牛好了,於是他捕獲了它,帶到歐律斯透斯那裡,給他看過了之後,就放它自由去了。但是那公牛遊行到斯巴達和阿耳卡狄亞全部地方,渡過伊斯特摩斯,來到阿帖刻的瑪剌同,擾害那些住民。

八 第八件工作他吩咐他去把特剌刻人狄俄墨得斯的那些母馬帶到密刻奈來。這狄俄墨得斯乃是阿瑞斯與枯瑞涅的兒子,他是比斯托涅斯人的王,那是極善於戰鬥的一個特剌刻民族,他有著些吃人的馬。赫剌克勒斯於是同了志願同行的人航海前去,制服了管理馬槽的那些人,將那馬趕向海邊來。在比斯托涅斯人帶了武器前來救援的時候,他把馬交給阿布得洛斯保管,他是赫耳墨斯的兒子,洛克里斯地方俄浦斯人,是赫剌克勒斯的所寵愛者,但是那些馬拖了他走,把他殺害了。赫剌克勒斯抵禦比斯托涅

斯人，殺了狄俄墨得斯，將其餘的都趕走了。他建立了阿布得拉城，在被害的阿布得洛斯的墳墓旁邊。他帶了那些馬去交給歐律斯透斯。但是歐律斯透斯把它們放走了，它們來到名叫俄楞波斯的山裡，在那裡便都被野獸所消滅了。

九　第九件工作他吩咐赫剌克勒斯去拿希波呂忒的帶子來。她是阿瑪宗人的女王，她們住在忒耳摩冬河的周圍，是很能戰鬥的民族，因為她們養成男性的風氣，假如（同男人）交會生了小孩的時候，她們留養女孩，卻將右乳割去，以免妨礙投擲標槍，但左乳仍保留著，可以哺乳。希波呂忒有阿瑞斯的帶子，是表示她為大眾的首長的標徵。赫剌克勒斯被差遣去取這帶子，因為歐律斯透斯的女兒阿德墨忒想要這個物事。於是他帶了些志願兵，乘船出發，在帕洛斯島停泊下來，那裡住著彌諾斯的幾個兒子，即歐律墨冬，克律塞斯，涅法利翁，菲羅拉俄斯。恰值有船上的兩個人上岸去，被彌諾斯的兒子們所殺。赫剌克勒斯為此大怒，立即將這幾個人殺了，對於其餘的包圍攻擊，直到他們派人出來請求，他可以選取願要的人，補充被殺者的缺。於是他解了圍，將彌諾斯兒子安德洛勾斯的幾個兒子即阿爾開俄斯與斯忒涅洛斯帶上船去，來到密西亞，去找「國王」呂科斯，為達思庫洛斯的兒子，受到他的

第五章

款待,在他與珀布律刻斯人的王打仗的時候,赫剌克勒斯援助呂科斯,殺了許多人,其中有國王密格冬,是阿密科斯的兄弟。他從珀布律刻斯人那裡得來許多土地,給了呂科斯,乃將這地方稱為赫剌克勒亞。

在忒彌斯庫拉港停泊下來,希波呂忒走來看他,問他來此的緣故,就答應給他那帶子。但是赫拉化作一個阿瑪宗的模樣,在眾人中間走來走去,說那些到來的外邦人要將女王搶走了。於是許多阿瑪宗人都拿了武器,騎馬衝向船那邊去。赫剌克勒斯看她們都這樣武裝,以為有什麼陰謀,乃殺了希波呂忒,搶去了她的帶子,同其餘阿瑪宗打仗之後,他開船駛去,到了特洛亞。

那時這城市正值為了阿波隆與波塞頓憤怒之故,遇著災難。因為阿波隆與波塞頓想要試驗拉俄墨冬的橫恣,變作凡人的模樣,承包建築珀耳伽蒙城池的工程。但是在他建築好了的時候,他不肯付給他的薪資。因此阿波隆降下瘟疫,波塞頓差遣一個怪物去,給潮水帶上岸去,攫食平原上的人民。但是據乩示說明,這災難可以解除,只要拉俄墨冬將他的女兒赫西俄涅送出去給怪物作食料,於是他把她供出去,拴在近海邊的那些岩石上。赫剌克勒斯看見她被供在那裡,他應允去救她,假如他從拉俄墨冬可以得到那些母馬,即是宙斯搶走了蓋尼米德的時代給他作為補

償的。拉俄墨冬說他可以給，赫剌克勒斯乃殺了怪物，救出赫西俄涅來。但是拉俄墨冬不肯給那報酬，赫剌克勒斯恫嚇說要來攻打特洛亞，隨即出發了。

他在埃諾斯停泊，在那裡受了波爾堤斯的款待。在他開船的時候，他在埃諾斯海岸射死了薩耳珀冬，波塞頓的兒子，波爾堤斯的兄弟，是個放蕩的人。來到塔索斯，他制服了住在那裡的特剌刻人之後，把這島給了安德洛勾斯的兒子們去居住。從塔索斯他來到托洛涅，在那裡被波塞頓的兒子普洛透斯的兒子們坡律戈諾斯與忒勒戈諾斯挑戰角力，他便在角力時把他們都殺死了。他將帶子拿到密刻奈，給了歐律斯透斯。

一〇　第十件工作他被命令去從厄律忒亞拿了革律翁的牛群來。厄律忒亞是在大洋相近的海島，現今叫做伽得拉。在這島上住著革律翁，克律薩俄耳與俄刻阿諾斯的女兒卡利洛厄的兒子，他有三個男形的身體，在胸腹間長成連合為一，但自腰胯與大腿以下分為三人。他有紅色的牛，歐律提翁是牧牛人，牧犬則是那兩個頭的狗俄耳托斯，是厄喀德涅與堤豐所生的。他走過歐羅巴去取革律翁的牛，除滅了許多的野獸，到了利彼亞，前進至塔耳忒索斯，他建立了他旅程的標識，兩條柱子對立著，在歐羅巴與利彼亞的界上。在路上被太陽晒得熱了，他對了日神彎

第五章

他的弓,日神佩服他的剛勇,借給他一個渡過海洋的金盃。到了厄律忒亞,他住在阿巴斯山上。可是那狗看見了他,向他奔去,他用木棍打它,在牧人歐律提翁來救助這狗的時候,他也把他殺了。但是墨諾忒斯在那裡看著冥王的牛群,把這事件報知了革律翁,他便在安忒摩斯河邊追上了赫剌克勒斯,正趕著牛群走去,戰鬥起來,卻被射死了。赫剌克勒斯把牛裝在那杯內,渡過塔耳忒索斯河,把杯還給了赫利俄斯。

經過了阿布得里亞,他來到利古斯提刻,在那裡波塞頓的兒子們伊阿勒比翁與得耳庫諾斯想要奪他的牛,但是他殺了他們,透過堤瑞尼亞走去。但是在瑞癸翁地方一頭公牛逃走了,急忙投入海內,游泳過去到了西喀利亞,走過附近一帶地方,以後因以叫做伊大利亞,因為堤瑞尼亞人叫牛作伊塔洛斯的,它到了厄呂摩伊人的王厄律克斯的平原上。厄律克斯是波塞頓的兒子,他將這牛混雜在自己的牛群裡去。赫剌克勒斯於是將牛托付了赫淮斯托斯,跑去找尋那頭公牛。他在厄律克斯的牛群裡找到了它,但是他不肯交還,說除非和他角力勝得過他,赫剌克勒斯勝了三次,終於在角力中將他打死了,帶了那牛同其他的一起向伊俄尼亞海去。但是他到了海的小港裡的時候,赫拉叫一個牛虻來擾害眾母牛,它們乃分散跑到特剌刻的好些山

麓上去了。赫剌克勒斯前去追趕，捉到了好些，趕到赫勒斯蓬托斯去，但是其餘的從此成為野牛了。好容易才把這牛收集起來，赫剌克勒斯乃歸罪於斯特律蒙河，這原來是可以航行的，他填上些石頭使得它不能通航，他將牛帶回去交給歐律斯透斯，他便將它們祭了赫拉。

一一　這些工作在八年和一個月中間做完了，歐律斯透斯命令赫剌克勒斯做第十一件工作，去從赫斯珀里得斯那裡拿了金蘋果來，因為他不承認奧革阿斯的牛和水蛇這兩件工作。這些蘋果並不如有些人所說在利彼亞，卻是在北風以外人中間的阿特拉斯山上。這是伽亞在宙斯與赫拉結婚之後送給他的，由一條有一百個頭的不死的龍看守著，是堤豐與厄喀德涅所生，說著各樣不同的聲音。赫斯珀里得斯也同它一起看守著，即是埃格勒，厄律忒亞，赫斯珀里亞，亞瑞圖薩。他於是行走到了厄刻多洛斯河邊。阿瑞斯與皮瑞涅的兒子庫克諾斯對他挑戰決鬥。阿瑞斯祖護庫克諾斯，來指揮這決鬥，但是霹靂扔在他們中間，把這戰鬥分散了。他走過伊呂里亞，趕到厄里達諾斯河邊，遇著些神女們，是宙斯與忒彌斯的女兒。她們將涅羅斯指示給他。他便乘他睡著把他抓住，雖然變化成各種形狀，終於縛住了，在不曾從他打聽到那蘋果與赫斯珀里得斯所在之前不肯釋放。打聽到了之後，他走過利彼亞。這地方

第五章

由波塞頓的兒子安泰俄斯統治著，他常強迫外邦人角力，便加殺害。赫剌克勒斯也被迫和他角力，抱住了他，舉了起來，把他捏死了，因為他碰著地面的時候就變得更強，所以有人說他是伽亞的兒子。

在利彼亞之後，他走過埃及。那地方由蒲西里斯所統治，是波塞頓與厄帕波斯的女兒呂西阿那塞的兒子。這人常用外邦人去祭獻於宙斯的祭壇，因了某一回的乩示。埃及曾經有九年遇著饑荒，一個來自庫普洛斯的有學問的占卜者佛剌西俄斯，他說饑荒會得停止，假如他們每年宰一個外邦人以供奉宙斯。蒲西里斯第一個就把那占卜者宰了，後來宰殺經過的外邦人。因此赫剌克勒斯也被抓住，帶往祭壇去，但是他掙斷了捆綁，將蒲西里斯和他的兒子安菲達瑪斯全都殺了。

他走過阿西亞，到了林多斯人的港口忒耳密德賴。他從一個牧人的車上解下一頭公牛來，祭了神，隨即分享了。那牧人沒有力量幫助自己，只站在一個山上咒罵。因此便是現在對赫剌克勒斯祭獻的時候，他們都咒罵著舉行祭事。

他從亞剌伯經過，殺了提托諾斯的兒子厄瑪提翁，走過利彼亞到外海去，他從赫利俄斯得到了那杯子。既然渡到對面的陸地，他對高加索山上射死那隻鷹，那是厄喀德

涅與堤豐所生，在吃普洛墨透斯的肝的，他解放了普洛墨透斯，自己擇取了橄欖枝的束縛，又將刻戎送給宙斯，他雖是不死的，可是自願代他而死了。

　　普洛墨透斯告訴赫剌克勒斯不必自己去取蘋果，只須叫阿特拉斯去，替他肩那個球，他依從了，替代了他。但是阿特拉斯從赫斯珀里得斯那裡得到了三個蘋果，回到赫剌克勒斯這裡來，他不願意肩那球了，「他說他將拿這蘋果給歐律斯透斯去，叫他替了他肩著天空。赫剌克勒斯答應這樣辦，卻用了狡計仍把這個放在阿特拉斯上面了。因為依了普洛墨透斯的話，他請阿特拉斯代扛一下子，等他」在肩頭上放好一個墊子。阿特拉斯聽了這話，放下蘋果在地上，將那球接了過來。赫剌克勒斯於是拾起蘋果，逕自走了。但是有人說他並不是從阿特拉斯得到這些蘋果，乃是殺了看守的蛇，他自己摘來的。他取到了蘋果，便送給歐律斯透斯。但是他接到之後便即給了赫剌克勒斯，雅典那又從他那裡得到，將這蘋果送回去了，因為把這放在任何地方都是不應該的。

　　一二　第十二件工作他被命令去從冥土把刻耳珀洛斯帶了來。這有三個狗的頭，龍的尾巴，在它後面有各種蛇的頭。赫剌克勒斯將要去找這狗的時候，他先到厄琉西斯去找歐摩耳波斯，想要受戒。可是那時外邦人不得受戒

第五章

的，因此他想當作皮利俄斯的義子參加受戒。但是他不能看見那祕密儀式，因為他不曾被除了殺害肯陶洛斯們「的罪惡」，先由歐摩耳波斯給他被除了，這才得受了戒。他來到在拉科尼亞的泰那戎地方，那裡是下冥土去的入口，他便從那裡下去。但是鬼魂看見他的時候，他們都逃走了，除了墨勒阿格洛斯和戈耳戈墨杜薩。赫剌克勒斯拔出劍來對那戈耳戈，好像她是活著的樣子，但他從赫耳墨斯知道她是一個空的影像罷了。走近冥土的門，他看見了忒修斯和珀里托俄斯，他來對波瑟芬妮求婚，因此被綁縛著的。他們見到赫剌克勒斯的時候，都伸出手來，好像想要憑了他的力量被救了出來的樣子。他拉了忒修斯的手，真把他拉起來了，可是他正要引起珀里托俄斯時，地都動搖了，他只好放下。他又將阿斯卡拉福斯的石頭也給滾開了。他想要把血供給鬼魂，乃殺了冥土牛群的一頭。叩托倪摩斯的兒子墨諾托斯看守著牛群，對赫剌克勒斯來挑戰角力，被攔腰挾住，折斷了肋骨，因了波瑟芬妮的請求才放免了。赫剌克勒斯向普路同要那刻耳珀洛斯，他叫他自己去捉，只要能制住它，不用他所有的武器。赫剌克勒斯找著它在阿刻戎的門口，他穿了胸甲，蓋著獅子皮，將兩手圍繞了它的頭，用力扼它，雖然那尾巴上的龍來咬他，一點都不放鬆，直到那狗屈服了。於是他帶了它，從特洛曾走

向上邊來。但是得墨忒耳把阿斯卡拉福斯變成短耳朵貓頭鷹，赫剌克勒斯將刻耳珀洛斯給歐律斯透斯看了，送它回冥土去。

第六章

一　在這些工作之後，他走到忒拜去，把墨伽拉給了伊俄拉俄斯，自己想要娶妻，聽說俄卡利亞的君主歐律托斯將他女兒伊俄勒的婚姻給予那在射術上勝過他和他的兒子們的人。他於是來到俄卡利亞，雖然他在射術上勝過他們，可是他得不到新娘，因為那大兒子伊菲托斯說應將伊俄勒給予赫剌克勒斯，但歐律托斯和其他兒子都反對，說他們怕他生了兒女的時候又會得要殺害他們的。

二　不久之後，有些牛被奧托呂科斯從歐珀亞地方偷走了，歐律托斯以為這是赫剌克勒斯所做的事，伊菲托斯卻不相信，走去找赫剌克勒斯，他給阿德墨托斯救回了已死的阿爾刻提斯，剛從菲賴回來，遇見了他，便約他同去尋找牛群。赫剌克勒斯答應了，款待著他，卻又發起狂來，把他從提王斯城牆上扔了下去。他想要被除這殺人罪惡，走去找涅琉斯，他乃是皮洛斯人的君主。涅琉斯因為與歐律托斯有交情，拒絕了他，他走到阿密克賴，由希波呂托斯的兒子得福波斯給他祓除了。但是因了殺害伊菲托斯之故生了一種惡疾，他走到得爾福，詢問如何可以免除

這病。那皮提亞女祭司不用乩示來回答他，他便要劫掠那廟宇，將鼎拿走，去創辦自己的乩壇。但是阿波隆和他鬥爭，宙斯在他們中間扔下一個霹靂去。他們這樣地被分開了，赫剌克勒斯得到了乩示，說免除那病的辦法是去出賣，要服役三年，把這殺人的贖金賠給歐律托斯。

三　給了乩示之後，赫耳墨斯把赫剌克勒斯出賣，他為翁法勒所買得，她是伊阿耳達涅斯的女兒，呂狄亞的女王，她的丈夫特摩羅斯死後將基業傳給了她。在賠償金送了去的時候，歐律托斯不肯收受，但赫剌克勒斯給翁法勒做奴隸，在這期間他在厄菲索斯捉住刻耳科珀斯，捆了起來，他把那在奧利斯強迫過路的人掘地的緒琉斯和他的女兒克塞諾狄刻一起殺死，蒲桃藤連根都燒了。在多利刻島停泊，他看見伊卡洛斯的屍體漂到岸上，把他葬了，將多利刻改稱為伊卡里亞島。代達羅斯給赫剌克勒斯在庇薩地方造了一個等身像以為酬謝，這在夜間赫剌克勒斯誤認為活人，扔石頭過去打中了它。在他跟著翁法勒做奴隸的時候，據說即發生到科爾喀斯去的航海與卡呂冬獵取野豬的事件，又忒修斯從特洛曾的旅行中清除了伊斯特摩斯（的那些強人）。

四　在他奴役之後，病已免除了，他聚集了志願參加的英傑成為一支軍隊，乘了十八隻五十支槳的船往攻伊利

第六章

翁。到達了伊利翁的時候,他把船交給俄克勒斯看守,自己同了其他的勇士前去攻城。可是拉俄墨冬帶了許多人向著船前來,在戰鬥中殺了俄克勒斯,但是他被赫剌克勒斯的部屬所打敗,被包圍起來了。這圍攻一開始,忒拉蒙首先毀壞城牆,進到城裡,在他之後是赫剌克勒斯。他一看見忒拉蒙第一個進了城,拔出短劍,衝將過去,因為他不願意有人顯得勝過於他。忒拉蒙見這情形,便聚集些擺在附近的石塊,赫剌克勒斯問他在幹什麼,答說是在給榮勝的赫剌克勒斯築祭壇哩。赫剌克勒斯謝了他,在占領了城的時候,他射死了拉俄墨冬和他的兒子們,只剩下波達耳刻斯,又將拉俄墨冬的女兒赫西俄涅給了忒拉蒙當作獎品,並且應允她在俘虜中選取她所願要的人。她選取了她的兄弟波達耳刻斯,赫剌克勒斯說他必須先算是奴隸,再由她贖了去。在他被出賣之時,她從頭上取下面巾來,拿去「算作代價」,因此波達耳刻斯被稱為普里阿摩斯(意云買來的)。

第七章

一　赫剌克勒斯從特洛亞出發的時候，赫拉打發了凶猛的風暴去，為此宙斯大為憤怒，他將她高掛在俄林波斯山上。赫剌克勒斯駛到科斯島，科斯人以為他是率領著一隊海賊船，拋過許多石頭來，阻止他的近來。但是他用強前進，乘夜占了那城，殺了國王歐律皮羅斯，波塞頓與阿斯堤帕萊亞的兒子。在戰鬥中赫剌克勒斯為卡爾刻冬所傷，但是宙斯把他抓走了，所以他沒有受害。他毀壞了科斯島，因了雅典那的關係來到佛勒格拉，幫了諸神打勝了巨靈。

二　不久之後，他招集了一支阿耳卡狄亞的軍隊，收納了希臘英傑中的志工，往攻奧革阿斯。但是奧革阿斯聽到了赫剌克勒斯進兵的消息，命令歐律托斯和克忒阿托斯為厄利斯人的將帥，這乃兩人一體的，力氣勝過一切的人，是摩利俄涅與阿克托耳的兒子，有些人又說他是波塞頓所生的，阿克托耳則是奧革阿斯的兄弟。可是在進軍之中赫剌克勒斯適值生了病，因此他與摩利俄涅的兒子們訂了停戰的約。但是後來他們知道了他生著病，便來攻擊他

第七章

的軍隊，殺了許多人。這一次赫剌克勒斯只得退了，但在舉行第三次伊斯特摩斯大會的時候，厄利斯人派遣摩利俄涅的兒子們去參與祭獻，赫剌克勒斯在克勒俄奈埋伏殺了他們，便向厄利斯進兵，占了那城。他殺了奧革阿斯和他的兒子們，招回皮琉斯來，把王位給了他。他又舉行俄林庇亞競技大會，設立一個珀羅普斯的祭壇，建築六個祭壇給十二個神道。

三　在占領了厄利斯之後，他往攻皮洛斯，占了那城，把珀里克呂墨諾斯殺了，那是涅琉斯的兒子中最勇敢的，他常在戰鬥中變化他的形狀。他殺了涅琉斯和他的兒子們，除了涅斯托耳，因為他是一個少年，養大在革瑞尼亞人那裡。在戰鬥中他也打傷了冥王，因為他幫助皮洛斯人。

取了皮洛斯之後，他去攻拉刻代蒙地方，想要懲罰希波科翁的兒子們，他對於他們生氣，因為他們幫同涅琉斯打仗，尤其氣憤的乃是因為他們殺了利鏗尼俄斯的兒子。因為他那時對著希波科翁的王宮觀看，有一隻摩羅西亞種的狗向他奔來，他扔過一塊石頭去，打中了狗，於是希波科翁的兒子們都衝過來，用了他們的棍棒把他打死了。就是要報他這仇，赫剌克勒斯所以起兵來攻拉刻代蒙人的。他來到阿耳卡狄亞，請求刻甫斯同了他的兒子們協同打

仗，他共有二十個兒子。但是刻甫斯怕他離開了忒革亞，阿耳戈斯人會得來攻，所以他拒絕了參加進兵。可是赫剌克勒斯從雅典那得到了一縷戈耳戈的頭髮放在青銅瓶裡，他將這個給了刻甫斯的女兒斯忒洛珀，告訴她說假如有兵來攻這城，她只在城牆上把這頭髮舉起三次，不要向著前面看時，敵人便會逃走的。因此刻甫斯和他的兒子們都從了軍，在戰鬥中他和他的兒子都戰死，此外還有赫剌克勒斯的兄弟伊菲克勒斯。赫剌克勒斯殺了希波科翁和他的兒子們，占了那城，招回廷達瑞俄斯來，把王位交付給他。

四　赫剌克勒斯經過忒革亞，汙辱了奧革，沒有知道她是阿勒俄斯的女兒。她私下生了小孩，放在雅典那廟境內。但那土地正為瘟疫所害，阿勒俄斯進到廟境內，檢查之後發見了他女兒生產的事。於是他將那小孩棄捨在帕耳忒尼俄斯山上，可是由於神的意志這得了救，因為一隻母鹿剛生了小鹿，給他乳吃，牧人們把小孩拾著，叫他作忒勒福斯。她的父親將奧革交給波塞頓的兒子瑙普利俄斯，到國外去賣了，瑙普利俄斯把她給了透特剌尼亞的君主透特剌斯，他就娶她為妻。

五　來到卡呂冬地方，赫剌克勒斯向俄紐斯的女兒德伊阿妮拉求婚。他為了她的婚事與阿刻羅俄斯河角力，河神變形為一頭公牛，他折斷了他的一隻角。於是赫剌克勒

斯娶了德伊阿妮拉,但是阿刻羅俄斯討回那隻角去,給他阿瑪爾忒亞的那角作為替代。阿瑪爾忒亞是哈摩尼俄斯的女兒,她有一隻公牛的角,據菲勒庫得斯說,這有這樣的一種能力,供給肉或是酒很豐富,盡人所需要。

六　赫剌克勒斯同了卡呂冬人去攻忒斯普洛提斯人,取了厄費拉城,那裡是費拉斯為王,他與王的女兒阿斯堤俄刻交會了,成為特勒波勒摩斯的父親。在他同他們停留著的時候,赫剌克勒斯帶信給忒斯庇俄斯,叫他把自己的兒子留下七個,打發三個到忒拜去,派差所餘的四十人移住到薩耳狄尼亞島上去。這些過去之後,在同了俄紐斯宴享的時候,他一個栗爆把阿耳喀忒勒斯的兒子歐諾摩斯打死了,那時他倒水在他的手上,這少年乃是俄紐斯的親戚。但是那孩子的父親因為這事乃是意外,饒恕了他,赫剌克勒斯卻願意依照法律受流亡的制裁,便決定往特剌喀斯到刻宇克斯那裡去。他帶著德伊阿妮拉,來到歐厄諾斯河邊,那肯陶洛斯涅索斯坐在那地方,渡行路的人過河以得薪資,自稱因了他的正直從諸神得到這渡口的。那時赫剌克勒斯獨自渡過這河,但在被請求薪資時,他將德伊阿妮拉交給涅索斯渡過去。可是他渡過她去,要想強逼她。她叫喚起來,赫剌克勒斯聽到了,將剛(從河裡)出來的涅索斯射中了心窩。他在將要畢命的時候把德伊阿妮拉叫近

前來，說假如她想要一服媚藥給赫剌克勒斯用，可將落在地上的精子和從那箭鋒的傷口流出來的血液和在一處。她這樣辦了，獨自收藏著。

七　赫剌克勒斯經過德律俄珀斯的土地，缺乏糧食，遇著提俄達瑪斯趕著兩頭公牛，於是他解下一頭來殺了，宴享一頓。他到了特剌喀斯去找刻宇克斯，受他的接待，戰勝了德律俄珀斯人。

後來從那裡出發，他與多里斯人的王埃癸彌俄斯協同作戰。因為拉庇泰人為了國土疆界的問題由科洛諾斯統率了對他作戰，既被圍困，乃請求赫剌克勒斯的幫助，應許給他一部分的土地。於是赫剌克勒斯前來援助，殺了科洛諾斯和別的許多人，將全部國土完整地交給了埃癸彌俄斯。他又殺了德律俄珀斯人的王拉俄戈剌斯和他的兒子們，因為他是狂妄的人，是拉庇泰人的同盟。他經過伊托諾斯，被阿瑞斯與珀羅庇亞的兒子庫克諾斯挑戰單打，赫剌克勒斯迫近他去，把他也殺了。但是來到俄耳墨尼翁的時候，國王阿明托耳武裝起來，不許他透過，因為阻礙他的通行，他也把他殺了。

他到了特剌喀斯，乃招集了一支軍隊，往攻俄卡利亞，想懲罰歐律托斯。和他協同作戰的有阿耳卡狄亞人，特剌喀斯的墨羅斯人，以及厄庇克涅彌得斯的羅克里斯

第七章

人，他殺了歐律托斯和他的兒子們，占了那城。他埋葬了同他作戰的那些死者，即宇克斯的兒子希帕索斯，利鏗尼俄斯的兒子阿耳癸俄斯與墨拉斯之後，洗劫了城市，將伊俄勒帶去作為俘虜。他在歐玻亞的海岬刻柰翁停泊，築了一個刻柰翁宙斯的祭壇。想要舉行祭祀，他差遣使者利卡斯往特剌喀斯去取華美的衣服來。德伊阿妮拉從他聽到了關於伊俄勒的事，恐怕赫剌克勒斯會得更寵愛她，以為涅索斯流出來的血真是媚藥，便拿這個塗在衣服上面。赫剌克勒斯穿了前去祭祀。但是那衣服熱了起來的時候，水蛇的毒便爛那皮膚，於是他提起利卡斯的腳來，把他拋下海岬去，扯去衣服，這緊黏住了身體，所以他的肉也都撕了去了。在這種慘狀之下，他被用船送到了特剌喀斯，德伊阿妮拉聽到了這事件，上吊死了。赫剌克勒斯命令他和德伊阿妮拉所生的長子許羅斯，到了成人的時候與伊俄勒結婚，隨後上到特剌喀斯境內的俄忒山，在那裡疊起火葬堆來，躺在上面，吩咐點火。但是沒有人肯做，有波阿斯尋找他的牛群，走過此地，給點了火。赫剌克勒斯把他的弓送給了他。這火葬堆燒著的時候，據說有一朵雲在他底下升起，同著一聲雷響把他帶向天上去了。此後他得到了不死，與赫拉和解之後，娶了她的女兒赫柏，因了她生有兒子阿勒克西阿瑞斯與阿尼刻托斯。

八　他因了忒斯庇俄斯的女兒們有些兒子，即與普洛克里斯生了安提勒翁與希剖斯，因為那大女兒生了雙生子，與帕諾珀生了特瑞普西帕斯，與呂塞生了歐墨得斯，與某生了克瑞翁，與厄庇拉伊斯生了阿斯堤阿那克斯，與刻耳忒生了伊俄柏斯，與歐律比亞生了坡呂拉俄斯，與帕特洛生了阿耳刻瑪科斯，與墨利涅生了拉俄墨冬，與克呂提珀生了歐律卡皮斯，與歐玻忒生了歐律皮羅斯，與阿格賴亞生了安提阿得斯，與克律塞伊斯生了俄涅西波斯，與俄里亞生了拉俄墨涅斯，與呂西狄刻生了忒勒斯，與墨尼庇斯生了恩忒利得斯，與安提玻生了希波德洛摩斯，與歐律某生了忒琉達戈拉斯，與希波生了卡皮洛斯，與歐玻亞生了俄林波斯，與尼刻生了尼科德洛摩斯，與阿耳革勒生了克勒俄拉俄斯，與厄克索勒生了歐律特拉斯，與克珊提斯生了荷摩利波斯，與斯特拉托尼刻生了阿特洛摩斯，與伊菲斯生了刻琉斯達諾耳，與拉俄托厄生了安提福斯，與安提俄珀生了俄羅庇俄斯，與卡拉墨提斯生了阿斯堤比厄斯，與費勒伊斯生了提伽西斯，與埃斯克瑞伊斯生了琉科涅斯，與安忒亞生了某，與歐律費勒生了阿耳刻狄科斯，與厄剌托生了底那斯忒斯，與阿索庇斯生了門托耳，與厄阿涅生了阿墨斯特里俄斯，與提費塞生了林卡俄斯，與俄林浦薩生了哈囉克剌忒斯，與赫利科尼斯生了法利阿斯，

第七章

與赫緒喀亞生了俄斯特洛布勒斯，與忒耳普西克剌忒生了歐律俄珀斯，與厄拉喀亞生了蒲琉斯，與尼喀珀生了安提瑪科斯，與皮里珀生了帕特洛克羅斯，與普剌克西忒亞生了涅福斯，與呂西珀生了厄剌西波斯，與托克西克剌忒生了呂枯耳戈斯，與瑪耳塞生了蒲科羅斯，與歐律忒勒生了琉西波斯，與希波克剌忒生了希波掬戈斯。這些是他與忒斯庇俄斯的女兒們所生的。他又因了別的女人生有兒子，與俄紐斯的女兒德伊阿妮拉生了許羅斯，克忒西波斯，格勒諾斯，俄涅忒斯，與克瑞翁的女兒墨伽拉生了忒里瑪科斯，得伊科翁，克瑞翁提阿得斯，與翁法勒生了阿革拉俄斯，克洛索斯一族即由此出，又與歐律皮羅斯的女兒卡爾喀俄珀生了忒塔羅斯，與奧革阿斯的女兒厄庇卡斯忒生了忒斯塔羅斯，與斯廷法羅斯的女兒帕耳忒諾珀生了歐厄瑞斯，與阿勒俄斯的女兒奧革生了忒勒福斯，與費拉斯的女兒阿斯堤俄刻生了特勒波勒摩斯，與阿明托耳的女兒阿斯堤達墨亞生了克忒西波斯，與珀柔斯的女兒奧托諾厄生了帕賴蒙。

第八章

一　赫剌克勒斯被送到諸神那裡去之後，他的兒子們都逃避歐律斯透斯，跑到刻宇克斯那邊去。但是在歐律斯透斯要求把他們交出來，以戰爭來恐嚇的時候，他們都怕了，離開特剌喀斯，逃過希臘去。他們被追趕著，來到雅典，在慈悲神的神壇前坐下，請求救助。雅典人不肯交出他們去，便對歐律斯透斯交戰，殺了他的兒子阿勒克珊德洛斯，伊菲墨冬，歐律比俄斯，門托耳，珀里墨得斯。歐律斯透斯坐在車上逃走，剛走到斯刻戎的山崖旁邊，被許羅斯追上所殺了，許羅斯斬下他的頭，送給阿爾克墨涅，她用梭針挑出了他的眼睛。

二　在歐律斯透斯既滅之後，赫剌克勒斯的兒子們往攻珀羅蓬涅索斯，略取了全部的城市。他們回來後經了一年的時候，瘟疫侵害珀羅蓬涅索斯的全部，據乩示說這是由於赫剌克勒斯的子姓，因為他們回來在正當的時期以前。他們於是離開珀羅蓬涅索斯，退到瑪剌同，住下在那裡。在他們退出珀羅蓬涅索斯之前，特勒波勒摩斯無意中殺害了利鏗尼俄斯，因為他正在用棍子打一個僕人，利鏗

第八章

尼俄斯卻跑了過來。他同了不少的人逃亡，來到洛得斯，便在那裡住下了。但是許羅斯依照他父親的命令娶了伊俄勒，想設法使得赫剌克勒斯的子姓得能回去。於是他去到得爾福，詢問他們怎樣可以回去，神說他們要等待第三次的秋收才能回去。但許羅斯以為那第三次秋收是說三年，他等待了這些時候，便同了他赫剌克勒斯系的軍隊回到珀羅蓬涅索斯去，⋯⋯那時俄瑞斯忒斯的兒子提薩墨諾斯為珀羅蓬涅索斯人的王。在這一次打仗，珀羅蓬涅索斯人又得勝了，阿里斯托瑪科斯死在裡邊。但在克勒俄代俄斯的兒子們都已長成了的時候，他們詢問乩示關於回去的事。神所說的與前回一樣，忒墨諾斯責備它，說他們曾依照了做卻是不利。但是神回答說他們的不幸乃由於他們自己，因為他們不理解乩示的意思，他說第三次秋收並非指地上的三年，乃是說人間的三代，又他說狹路乃是指的那在伊斯特摩斯右邊的大肚子的海。忒墨諾斯聽了這話，準備軍隊，在羅克里斯建造船隻，那地方因此至今叫做瑙帕克托斯（即是造船地）。軍隊在那裡的時候，阿里斯托得摩斯給霹靂打死了，他與奧忒西翁的女兒阿耳革亞生有雙生的兒子，歐律斯忒涅斯與普洛克勒斯。

三　適值有一件災難落在瑙帕克托斯的軍隊上。因為有一個占卜者在他們那裡出現，神附了體似地口傳乩示，

他們以為這是一個妖道，珀羅蓬涅索斯人派來惱害軍隊的。於是希波忒斯，他是費拉斯的兒子，安提諾科斯的孫子，赫剌克勒斯的曾孫，對他投槍過去，打中了他，將他殺害了。為了這個緣故，水師因了船隻的毀壞而破滅，陸師為饑荒所苦，軍隊潰散了。忒墨諾斯詢問乩示關於這災難的事，神說那些事都由於那占卜者，叫他把殺人者流放十年，找三隻眼睛的人作為鄉導，他們乃流放了希波忒斯，去找尋那三隻眼睛的人。他們遇著了安德賴蒙的兒子俄克緒羅斯，騎在一匹獨眼的馬上，那別一隻眼睛從前被箭射壞了，他因為殺人逃向厄利斯，現在經過一年之後正要從那裡回埃托利亞去。他們解釋這是乩示的意思，便找他作為他們的鄉導。與敵軍接仗之後，他們在水陸兩方都得了勝，殺了俄瑞斯忒斯的兒子提薩墨諾斯。他們的同盟者埃癸彌俄斯的兒子潘費羅斯與底瑪斯也死在裡面。

四　他們制服了珀羅蓬涅索斯的時候，築了父的宙斯的三個祭壇，在那裡獻祭，拈鬮分那城市。那第一次拈得的是阿耳戈斯，第二次的是拉刻代蒙，第三次的是墨塞涅。他們拿了一瓶水來，決定各人投下一個鬮去。現在忒墨諾斯和阿里斯托得摩斯的兩個兒子普洛克勒斯與歐律斯忒涅斯都投了石子，但是克瑞斯豐忒斯想要分得墨塞涅，乃投下一塊泥土去。因為土是散了，所以當然是那兩個鬮

先出來的了。忒墨諾斯的鬮先抽出來,其次是阿里斯托得摩斯的兒子們的,克瑞斯豐忒斯得到了墨塞涅。在他們獻祭的祭壇上他們發見放著象徵,拈得了阿耳戈斯的找到一個蟾蜍,得著拉刻代蒙的找到一條大蛇,得著墨塞涅的找到了一隻狐狸。關於這些象徵,據占卜者說,那找到蟾蜍的最好停留在城內,因為這動物走起路來沒有什麼力量,那找到蛇的在進攻時將很是可怕,找到狐狸的則是很狡獪的。

　　五　忒墨諾斯不管他的兒子們阿革拉俄斯,歐律皮羅斯與卡利阿斯,卻偏愛他的女兒許耳涅托和她丈夫得豐忒斯,因此他的兒子們僱了什麼人去殺那父親。這謀殺成功之後,軍隊決定那王位應為許耳涅托與得豐忒斯所有。克瑞斯豐忒斯統治墨塞涅不多時候,就同他的兩個兒子為人所殺害,波呂豐忒斯是赫剌克勒斯子姓的一人,繼之為王,強取被害者之妻墨洛珀為妻。但是他也被殺了。因為墨洛珀有第三個兒子名叫埃皮托斯,以前她交給她自己的父親去養育,他到了成人的時候,祕密地回來,殺了波呂豐忒斯,收復了他祖傳的王位。

原本第二卷

原本第三卷

原本第三卷

第一章

一　我們已經講過伊那科斯的一族，從柏羅斯說到赫剌克勒斯的子姓，其次要講阿革諾耳的一派了。因為如我們曾經說過，利彼亞因了波塞頓生有兩個兒子，柏羅斯與阿革諾耳。柏羅斯君臨埃及人，生了前已說過的那些子女，阿革諾耳則走到腓尼基，娶了忒勒法薩，生了女兒歐羅珀和兒子卡德摩斯，福尼克斯與喀利克斯。但有人說歐羅珀不是阿革諾耳的而是福尼克斯的女兒。宙斯愛上了她，自己變形為一頭馴養的公牛，讓她騎上了，帶了她渡過海來到克瑞忒島。在那裡宙斯和她同床，她生了彌諾斯，薩耳珀冬與剌達曼堤斯，但是據荷馬說，薩耳珀冬乃是宙斯與柏勒洛豐的女兒拉俄達墨亞的兒子。歐羅珀不見之後，她的父親阿革諾耳差遣他的兒子們出去尋訪，告訴他們說在找到歐羅珀之前不得回來。同他們一起去尋她的還有她母親忒勒法薩以及塔索斯，波塞頓的兒子，或如菲勒庫得斯說是喀利克斯的兒子。但是他們盡力找尋之後，不能發見歐羅珀，便對於回家的事斷了念頭，在各地方住了下來。福尼克斯住在腓尼基，喀利克斯在腓尼基附近住

下,將皮剌摩斯河近旁屬於他的全部土地叫做喀利喀亞,卡德摩斯與忒勒法薩則住在特剌刻,塔索斯也同樣地在特剌刻(相近的島上)建立塔索斯城,住在那裡。

二　克瑞忒人的君主阿斯忒里俄斯娶了歐羅珀,養育她所生的兒子。但是他們長大了的時候,他們互相爭鬥,因為他們愛慕一個名叫彌勒托斯的孩子,是阿波隆與克勒俄科斯的女兒阿瑞亞的兒子。那孩子對於薩耳珀冬更為要好,彌諾斯便打起仗來,得了勝利。他們都逃走了,彌勒托斯在卡里亞上陸,建立一個城市,以他的名字叫做彌勒托斯;薩耳珀冬則與正在對呂喀亞人作戰的喀利克斯同盟,分到一部分土地,成為呂喀亞的王。宙斯允許他活到三個世代。但有人說他們是愛宙斯與卡西厄珀亞的兒子阿廷尼俄斯,為了他的緣故他們互相爭競。剌達曼堤斯給島人制定法律,但是後來他逃到玻俄提亞,娶了阿耳克墨涅,在他去世以後在冥土與彌諾斯同司審判。彌諾斯住在克瑞忒,寫定法律,娶了帕西法厄,是赫利俄斯與珀耳塞伊斯的女兒,但阿斯克勒庇阿得斯說,他娶了阿斯忒里俄斯的女兒克瑞忒。他生了兒子卡特柔斯,丟卡利翁,格勞科斯,安德洛勾斯,女兒阿卡勒,克塞諾狄開,阿里阿德涅,淮德拉,與神女帕瑞亞生了歐律墨冬,涅法利翁,克律塞斯,菲羅拉俄斯,又與忒克西忒亞生了歐克珊提俄斯。

三　阿斯忒里俄斯死了沒有子女，彌諾斯想要做克瑞忒的王，卻被拒絕了。他於是聲言他從神得到這王位。說凡他有所禱告就能實現，可以為證。他對波塞頓祭祀，請求有一頭公牛從海底出現，應允這牛出來時即用以祭獻。波塞頓送了很漂亮的公牛上來給他，彌諾斯得到了王位，但是他將那公牛送到牛群裡去，卻拿別的牛來祭獻了。他是首先稱霸海上，將附近所有的島均歸他的統制。

四　但是波塞頓因為他不祭獻那公牛很是生氣，乃使它變野了，又使得帕西法厄對於那牛起了慾念。她愛上那公牛，得到代達羅斯做幫手，那是一個工程師，為了殺人從雅典逃亡出來的。他製作了一隻木頭的牛，裝在輪子上，他拿來把中間挖空了，剝下母牛的皮來縫在上面，放在公牛所常去吃草的那原野上，叫帕西法厄鑽在裡邊，那牛走來，當作真的母牛和她交合了。她生了阿斯忒里俄斯，即被稱為彌諾陶洛斯（意云彌諾斯公牛）。他有一個牛的頭，但其他都是人身，彌諾斯依了一種乩示，把他關在拉彼任托斯裡，看守起來。那拉彼任托斯為代達羅斯所建造，是一間房屋，「有些綜錯的彎曲，迷失了出路」的。關於彌諾陶洛斯，與安德洛勾斯，與淮德拉，與阿里阿德涅的事，我們將在忒修斯的故事裡再說。

第二章

一　彌諾斯的兒子卡特柔斯有女兒阿厄洛珀，克呂墨涅，阿珀摩緒涅，和兒子阿爾塔墨涅斯。卡特柔斯詢問乩示他的一生怎麼結局，神說他將死在他子女一人的手裡。那時卡特柔斯把這乩示隱藏過了，但是阿爾塔墨涅斯聽到了這話，怕做了他父親的凶手，便帶了他妹子阿珀摩緒涅從克瑞忒出發，在羅得斯的一個地方登陸，占了那島，叫它作克瑞提尼亞。他上到叫做阿塔彼里翁的山上，看見周圍的列島，又望見克瑞忒，記起他先祖的諸神來，乃建立了一個阿塔彼里翁的宙斯的祭壇。但是以後不久他卻成為殺他妹子的凶手。因為赫耳墨斯愛上了她，她卻逃避他，因為她腳比他更快，他不能捉住她，乃將生牛皮去攤在路上，在從水泉回來的時候踏在上面，她滑倒了，遂被他所汙辱。她將過去的事告訴了她的兄弟，但是他以為她說神祇是假托，把她腳踢致死了。

二　卡特柔斯將阿厄洛珀與克呂墨涅交給了瑙普利俄斯，賣到異鄉去，這二人之中普勒斯忒涅斯娶了阿厄洛珀，生了阿加曼農與墨涅拉俄斯，瑙普利俄斯娶了克呂墨

涅，成為俄阿科斯與帕拉墨得斯的父親。但是後來卡特柔斯老境迫近，很想將王位傳給他的兒子阿爾塔墨涅斯，因此走到羅得斯去。他同了英雄們從船裡下來，在島裡一處荒蕪地方登陸，被牧人們所追逐，他們以為這是海盜前來行劫的。他把事實告訴他們，可是因為狗的叫聲不能聽見，在他們（用石頭）打著他的時候，阿爾塔墨涅斯到來，投過槍去殺死了他，不知道是卡特柔斯。後來他知道了這事情，自己祈禱，陷入地縫裡去了。

第三章

一　丟卡利翁生有伊多墨紐斯與克瑞忒，還有一個私生子摩羅斯。但是格勞科斯在還是小兒的時候去追老鼠，掉在蜜缸裡淹死了。在他不見了之後，彌諾斯大事搜尋，又去占卜如何可以尋獲。枯瑞忒斯告訴他說，在他牛群中有一頭三樣顏色的母牛，誰能夠形容那牛的毛色最好的，他也能還給他活的兒子。許多占卜者都被召集了來，科伊剌諾斯的兒子坡呂伊多斯形容那牛的顏色是木莓的果實，乃被迫去尋找小孩，他用了一種占法找到了他。但是彌諾斯說他必須把活的找回來，他乃被同了死體關閉在一起。在他正是大為狼狽的時候，他忽然看見一條大蛇向著死體走去，他用石頭打去把它打死了，因為他怕得自己會要被殺，假如那身體受了點損害。但是別一條大蛇到來，看見前來的死了，便即走去，隨復回來，帶了一種草，蓋在那蛇的全身上，那草放了上去，它就復活過來了。坡呂伊多斯看了很是驚奇，便用這草放在格勞科斯身上，把他救活了。

二　彌諾斯找回了他的兒子，可是他還不讓坡呂伊多斯回到阿耳戈斯去，必須他先將占卜術教給了格勞科斯。

原本第三卷

坡呂伊多斯被迫只得教了,但是在出發的時候,他叫格勞科斯吐一口唾沫在他的嘴裡,格勞科斯做了,便將占卜術都忘記了。關於歐羅珀後人的事我們就說到這裡吧。

第四章

一　忒勒法薩死去，卡德摩斯埋葬了，他受特剌刻人款待之後，來到得爾福，詢問關於歐羅珀的事情。神告訴他不必多管歐羅珀的事，但當去跟著母牛的引導，在她因了睏倦而躺倒的地方建立城市起來。得到這樣乩示之後，他走過福喀斯地方，在珀拉工的牛群裡遇著一頭母牛，他跟在她後邊。通過了玻俄提亞，她躺倒在那裡，就是現今的忒拜城。想要把這牛祭獻給雅典那，他派遣幾個同他來的人去從阿瑞斯的水泉汲水。但是有一條龍，有人說是阿瑞斯所生的，守護著這水泉，傷害了差去的大部分的人。卡德摩斯很生了氣，殺了那龍，又依了雅典那的勸告，把它的牙齒播種了。這些種了下來，從地裡出來些武裝的人，他們被稱作斯帕耳托伊（意云播種出來的）。他們互相殺戮，有的因了偶然的衝突，有的因為不知道。但是菲勒庫得斯說，卡德摩斯看見武裝的人從地上長出來的時候，他拿石頭打他們，他們以為是互相投擲，便打起仗來了。可是有五個得免於死，即是厄喀翁，烏代俄斯，克托尼俄斯，許珀瑞諾耳與珀羅洛斯。

二　但是卡德摩斯為的賠償他所殺的，給阿瑞斯服役一永久年，這一年即是平常的八年。在服役之後，雅典那給他預備了一個王國，宙斯將阿芙蘿黛蒂與阿瑞斯的女兒哈耳摩尼亞給他為妻。一切神們都離開天上，在卡德墨亞大開宴享，歌唱以慶祝結婚。卡德摩斯給了她一件長袍，一個赫淮斯托斯所造的項圈，有人說是赫淮斯托斯給卡德摩斯的，但菲勒庫得斯說這是歐羅珀所給，她是從宙斯得了來的。卡德摩斯生了女兒奧托諾厄，伊諾，塞墨勒，阿高厄，兒子坡呂多洛斯。阿塔瑪斯娶了伊諾，阿里斯泰阿斯娶了奧托諾厄，厄喀翁娶了阿高厄。

三　宙斯愛上了塞墨勒，瞞過了赫拉與她同床了。宙斯曾經應允她有什麼請求都給她做，現在她受了赫拉的騙，請求他像是當初對赫拉求婚的那麼樣到她這裡來。宙斯不能夠拒絕，乃到她新房裡來，坐在車上，帶著雷電，打了一個霹靂。塞墨勒卻因了恐怖而死去了，宙斯乃從火裡抓起六個月流產的嬰兒來，縫在他的大腿裡邊。塞墨勒死了之後，卡德摩斯的其餘的女兒們傳出話去，說她與一個凡人同床，卻假說是宙斯，由此她被霹靂所打了。但是在月分滿足的時候，宙斯開啟所縫的線，生下狄俄倪索斯來，交給了赫耳墨斯。他帶去到伊諾與阿塔瑪斯那裡，請他們把他當作女孩養育著。但赫拉生了氣，使他們都發了

狂,阿塔瑪斯將他的長子勒阿耳科斯當作鹿去打獵,把他殺死,伊諾將墨利刻耳忒斯丟進沸鍋中,又抱了那死小孩跳到深海裡去了。她自己被稱為琉科忒亞(意云白女神),那小孩稱為帕萊蒙(意云角力者),她們這樣被航海者所稱呼,因為她們救助為風暴所苦的人們。伊斯特摩斯的競技大會也是由西緒福斯為紀念墨利刻耳忒斯而設立的。但是宙斯將狄俄倪索斯變成小山羊,避免了赫拉的憤怒,赫耳墨斯帶了他,去交給了住在阿西亞的倪薩地方的神女們,後來宙斯將她們變為星辰,稱為許阿得斯(意云降雨的眾星)。

　　四　奧托諾厄與阿里斯泰阿斯有兒子阿克泰翁,他受刻戎的養育成為獵人,後來在喀泰戎山上被他自己的狗所吃了。他是這樣死的,如俄枯西拉俄斯所說,因為宙斯為了他對塞墨勒求婚所以生了氣,但是更多的人說乃是因為他看見了阿耳忒彌斯在洗浴。他們說那女神立即將他變成一隻鹿,使跟隨他的那五十隻狗都發了狂,不知不覺地把他吃了。阿克泰翁已亡,那狗找尋它們的主人嚎叫得很利害,在找尋中到了刻戎的洞穴門口,他做了一個阿克泰翁的像,止住了這群狗的哀愁。

　　阿克泰翁的群狗的名字據某書所記:

這樣地

現在圍著他美麗的身體,像是一隻野獸的似的,

那些強悍的狗撕裂了它。相近第一是阿耳刻那。

……在她之後是強大的一窩,

林叨斯與好腿子的巴利俄斯,以及阿瑪任托斯。——

這些他常叫著名字查數的。

於是阿克泰翁因了宙斯的指使而滅亡了。

因為首先喝那主人的黑血的

是斯帕耳托斯,俄瑪耳戈斯與玻瑞斯,跑路最快的。

這些首先吃了阿克泰翁,舔了他的血。

在他們之後別的都熱心地奔過去,……

給人們作為劇甚的苦痛的藥劑。

第五章

一　狄俄倪索斯是發見了蒲桃樹的人，他被赫拉所使發了瘋狂，在埃及與敘利亞一帶遊行。最初他受了埃及王普洛透斯的接待，但是後來他到了佛律癸亞的庫柏拉地方。他在那裡由瑞亞給他祓除了，學習得受戒儀式以後，他從她受到了服色，透過特剌刻前去攻印度人。但是德律阿斯的兒子呂枯耳戈斯是厄多尼斯人的王，住在斯特律蒙河邊，他是第一個侮辱他，趕他出去的人。狄俄倪索斯逃到海裡，在涅羅斯的女兒忒提斯那裡，那些巴卡伊女人們和跟隨他的許多薩堤洛斯都成了俘虜。但是後來那巴卡伊忽然地放免了，狄俄倪索斯使呂枯耳戈斯發了狂。他在發狂中間用斧子把他的兒子德律阿斯殺了，以為他是在砍蒲桃樹的枝，將他的末端割去，他才清醒過來了。但是土地還是沒有收成，神由乩示說這會得結實，假如呂枯耳戈斯被處了死。厄多尼斯人聽了這話，乃將他捆了起來，帶到潘該翁山上，照了狄俄倪索斯的意思，他被馬所撕裂而死了。

二　透過了特剌刻與印度全部，在那裡建立了柱子之後，他來到忒拜迫使女人們棄捨了她們的家，在喀泰戎山

中狂歌亂舞。但是彭透斯，阿高厄與厄喀翁所生的，繼承卡德摩斯得了王位，他想要來阻止這事。來到喀泰戎山窺視巴卡伊的情形，被他的母親阿高厄在瘋狂中撕裂支解了，因為她以為他是一隻野獸。在顯示給忒拜人他是神明之後，他來到阿耳戈斯，在那裡又因為他們不尊敬他，他使那女人們發了狂，她們在山上吃那抱在她們胸前的小孩的肉。

三　他想要從伊卡里亞過渡到那克索斯去，僱定了一隻堤瑞尼亞海盜的三層船。但是他們將他放在船上，駛過那克索斯，向著亞細亞去，預備把他販賣。可是他使桅桿與槳都化為蛇，船裡充滿了薜荔與簫管的聲音。那海盜們發了狂，都逃到海裡去，變了海豚。這樣地人們知道他乃是神，尊敬他了。他從冥土把他的母親帶了上來，叫她作堤俄涅，他同了她往天上去了。

四　但是卡德摩斯與哈耳摩尼亞離開忒拜，到了恩刻利斯人那裡。他們正被伊呂里亞人所攻，神由乩示告訴他們，只要得到卡德摩斯與哈耳摩尼亞作首領，可以打勝伊呂里亞人。他們信從他，把他們作為首領去攻伊呂里亞人，便打勝了。卡德摩斯做了伊呂里亞人的王，生了一個兒子伊呂里俄斯。但是後來他同了哈耳摩尼亞被變作大蛇，由宙斯送往樂土去了。

五　坡呂多洛斯成為忒拜的王，娶了克托尼俄斯的兒子倪克透斯的女兒倪克忒伊斯，生了拉布達科斯，他在彭透斯之後死了，因為和他是同樣的心思的。但是拉布達科斯留下了一歲的兒子萊俄斯，在他是小孩的期間，那政權為倪克透斯的兄弟呂科斯所奪去了。他們二人（呂科斯與倪克透斯兄弟）當初從歐玻亞逃來，因為他們殺了阿瑞斯與玻俄提亞的多提斯的兒子佛勒古阿斯，他們在許里亞居住，從那裡來到忒拜，因為和彭透斯要好，所以成了本地市民。於是由忒拜人舉他為主將之後，他抓到了政權，在位二十年，但是被仄托斯與安菲翁所殺害，為了這樣的理由。安提俄珀是倪克透斯的女兒，宙斯和她交會了。她懷了孕，她的父親恐嚇她，她便逃到了西庫翁的厄波剖斯那裡，嫁給了他。倪克透斯很是頹喪，就自殺了，有命令給呂科斯，要他處罰厄波剖斯和安提俄珀。呂科斯進攻西庫翁，征服了它，殺了厄波剖斯，把安提俄珀帶了回去作為俘虜。在被帶走的時候她在玻俄提亞的厄琉特賴地方生了兩個兒子。那嬰兒被棄置了，但有牧牛人發現了，拿去養育，一個叫做仄托斯，又一個叫做安菲翁。仄托斯專心牧畜，但安菲翁卻學習彈唱，因為赫耳墨斯給他一張豎琴。但是呂科斯和他的妻狄耳刻將安提俄珀監禁起來，加以虐待。可是有一天，她的索子自然地解了，她便偷偷地走到

她兒子們的牧場,請求他們收留她。他們認識了自己的母親,便殺了呂科斯,卻把狄耳刻縛在公牛上「拖曳以死」,死體拋到一個水泉裡去,這就用她名字叫做狄耳刻。他們繼承了政權,建築城牆,那些石頭都隨著安菲翁的豎琴「自己跑來」,他們又將萊俄斯放逐了。他住在珀羅蓬涅索斯,很受珀羅普斯的款待,他教珀羅普斯的兒子克律西波斯御車,卻愛上了他,把他搶走了。

六 仄托斯娶了忒珀,忒拜城就用了她的名字,安菲翁娶了坦塔洛斯的女兒尼俄柏,生了七個兒子,西皮羅斯,歐庇倪托斯,伊斯墨諾斯,達瑪西克同,阿革諾耳,淮狄摩斯,坦塔洛斯,同數的女兒,厄托達亞,或如有人說是涅埃拉,克勒阿多克薩,阿斯堤俄刻,弗提亞,珀羅庇亞,阿斯堤克剌提亞,俄古癸亞。但赫西俄多斯說他們有十個兒子和十個女兒,赫洛多托斯說有兩個男孩,三個女孩,荷馬說有六個兒子和六個女兒。因為多兒女有福氣,尼俄柏說勝過勒托,比她更多兒女更有福氣。勒托生了氣,鼓動阿耳忒彌斯與阿波隆處置他們,阿耳忒彌斯把女的都射死在家裡,阿波隆將正在喀泰戎山上打獵的男的全都殺了。那些男子之中只有安菲翁得免,女子中有長女克洛利斯,她為涅琉斯所娶。但據忒勒西拉說,安密克拉斯與墨利玻亞得免,安菲翁也為他們所射死了。但是尼俄

第五章

柏自己離去忒拜,走到西皮羅斯的她父親坦塔洛斯那裡,她禱告宙斯,在那裡化為石頭,眼淚從石頭上日夜地流下來。

　　七　在安菲翁死後,萊俄斯繼承了王位。他娶了墨諾叩斯的女兒,有人說她是伊俄卡斯忒,有人說是厄庇卡斯忒。神預告他不要生子,因為生下來的兒子將要殺害他父親的,但是他醉了酒,與妻子交會了。小兒生了下來,他用衣針炙穿他的腳踝,交給牧人去棄捨了。那牧人將他棄置在喀泰戎山上,科王托斯王坡呂玻斯的牧牛人發見了那小兒,拿去交給他的妻珀里玻亞。她收養了他,算作她自己的小孩,在醫好了他的腳踝之後,便叫他作伊底帕斯,因了他的腫腳所以給他這個名字。這小孩長大起來,比他同年輩的人力氣都大,大家因為氣憤都說他是假子。他來問珀里玻亞,也不能夠知道什麼,於是他走到得爾福去,詢問關於他自己的父母的事。神告訴他不要往他的故鄉去,因為他將要殺害他的父親,與他的母親同居。他聽了這話,以為他真是現在稱為父母的所生,便離開科王托斯,坐了車經過福咯斯,恰在一處狹路上遇著萊俄斯也駕著車子走來。坡呂豐忒斯是萊俄斯的前驅,叫他讓路,因為他不服從,遲延了一會,把他的一頭馬殺死了,伊底帕斯生了氣,殺死坡呂豐忒斯和萊俄斯,來到忒拜。

八　普拉泰亞的王達瑪西斯特剌托斯埋葬了萊俄斯，墨諾叩斯的兒子克瑞翁繼承了王位。他在位的期間，有一件不小的災殃降落在忒拜地方。因為赫拉振遣了斯芬克斯下來，它以厄喀德涅為母，堤豐為父，有女人的臉面，獅子的胸與腳與尾巴，和鳥的翅膀。它從藝文神女那裡學到了一個謎，坐在比基昂山上，叫忒拜人猜這謎語。謎語云，這是什麼，只有一個聲音，卻是四隻腳，兩隻腳，又是三隻腳的？忒拜得到一個乩示，說他們解答得這謎，那時便能除掉斯芬克斯，所以他們時時聚集，討論這答案是什麼，在他們不能找著的時候，斯芬克斯便抓一個人去，把他吃掉。這樣死了許多人，末後的一個是克瑞翁的兒子哈蒙，克瑞翁乃釋出告，凡有人能解得謎語者，他將把王位與萊俄斯的妻子都送給他。伊底帕斯聽了，他得了解答，說斯芬克斯所說的謎是人，因為小孩的時候是四腳的，用四肢爬走，長成時是兩腳，老了拿著拄杖作為第三隻腳。於是斯芬克斯從高城上自己投了下來，伊底帕斯乃繼承了王位，也不知不覺地娶了他的母親，因了她生有兒子波呂涅刻斯與厄忒俄克勒斯，女兒伊斯墨涅與安提戈涅。但有人說，那些子女是許珀耳法斯的女兒歐律伽涅亞給他所生的。

九　後來這祕密顯露了的時候，伊俄卡斯忒自縊而

死，伊底帕斯被逐出了忒拜，他把自己的眼睛弄瞎了，詛咒了他的兒子們，他們看著他被逐出城，並不給以幫助。他同了安提戈涅來到阿提刻的科羅諾斯地方，那裡有慈惠神女的廟境，他坐下當作一個乞援的人，為忒修斯所容納，不多時候便死去了。

第六章

一　厄忒俄克勒斯與波呂涅刻斯關於王位互相定約，決定每人互動地統治一年。有人說波呂涅刻斯首先即位，一年之後將王位讓給了厄忒俄克勒斯，但又有人說是厄忒俄克勒斯即位在先，不肯交出王位來。波呂涅刻斯於是被放逐出了忒拜，來到了阿耳戈斯，帶著那項圈與長袍。塔拉俄斯的兒子阿德剌斯托斯為阿耳戈斯人的王，波呂涅刻斯於夜間走到他的宮裡，與從卡呂冬逃來的俄紐斯的兒子堤丟斯打起仗來。因為忽然起了喊聲，阿德剌斯托斯出來，把他們分開，他記得一個占卜者的話，對他說他的女兒該與一隻野豬和一隻獅子同駕，他就收他們作了女婿，因為他們在盾牌上一個有野豬的上半身，一個有獅子的上半身。堤丟斯乃娶了得伊皮勒，波呂涅刻斯則娶了阿耳革厄，阿德剌斯托斯應許他們二人回復他們的故國。他首先準備去攻忒拜，便來招集首領。

二　但是俄克勒斯的兒子安菲阿剌俄斯是個占卜者，他預知所有出征的人除阿德剌斯托斯外都將滅亡，所以他躊躇不想出征。又阻擋其他的人去。波呂涅刻斯走去找阿

第六章

勒克托耳的兒子伊菲斯，請他教示怎麼可以強迫安菲阿剌俄斯出征去。他說「這可以做到」，假如厄里皮勒得到了那項圈。安菲阿剌俄斯曾經告訴厄里皮勒不要從波呂涅刻斯收受什麼禮物，但波呂涅刻斯將項圈給了她，請她勸安菲阿剌俄斯去出征，這事就全在於她，因為有一回他同阿德剌斯托斯有過衝突，與他和解了，曾立誓說假如將來與阿德剌斯托斯有什麼意見，當讓厄里皮勒來決定。因此在要進攻忒拜的時候，阿德剌斯托斯在主張，安菲阿剌俄斯則在反對，厄里皮勒收了項圈，便勸他與阿德剌斯托斯一同出征去了。安菲阿剌俄斯既被強迫了去出征，他留下命令給兒子們，叫他們長大了的時候殺了他們的母親，隨即往攻忒拜去了。

　　三　阿德剌斯托斯招集了一支軍隊同了七個首領，前去攻打忒拜。那些首領是，塔拉俄斯的兒子阿德剌斯托斯，俄克勒斯的兒子安菲阿剌俄斯，希波諾俄斯的兒子卡帕紐斯，阿里斯托瑪科斯的兒子希波墨冬，但有人說他是塔拉俄斯的兒子。這些是從阿耳戈斯來的，但是伊底帕斯的兒子波呂涅刻斯來自忒拜，俄紐斯的兒子堤丟斯是埃托利亞人，墨拉尼翁的兒子帕耳忒諾派俄斯是阿耳卡狄亞人。可是有些人不把堤丟斯與波呂涅刻斯算在裡邊，卻將伊菲斯的兒子厄忒俄克勒斯與墨喀斯透斯歸在七人之內。

四　到了涅墨亞地方,那裡是呂枯耳戈斯為王,他們前去乞水,許普西皮勒給他們引路到水泉去,撇下一個嬰孩俄斐爾忒斯,那是歐律狄刻與呂枯耳戈斯的兒子,由她養育著的,因為楞諾斯的婦女們後來知道了托阿斯得了救,她們殺死了他,將許普西皮勒賣作奴隸,因此她當作一個婢女,在呂枯耳戈斯家裡服役。但是在她去指示水泉的時候,那撇下的小孩被大蛇所害死了。阿德剌斯托斯一行人到了那裡,乃殺了那蛇,把小孩埋葬了,但安菲阿剌俄斯對他們說,這徵兆預示將來的事情,他們遂稱那小孩為阿耳刻摩洛斯（意云惡運之始）。他們舉行涅墨亞競技大會以紀念他,阿德剌斯托斯贏了跑馬,厄忒俄克勒斯賽跑,堤丟斯拳擊,安菲阿剌俄斯跳遠與擲環,拉俄多科斯標槍,帕耳忒諾派俄斯弓術。

五　他們到了喀泰戎,派遣堤丟斯去預先告知厄忒俄克勒斯,叫他照著他們所決定那樣,將王位交給波呂涅刻斯。厄忒俄克勒斯不理這話,堤丟斯要試忒拜人一下,乃對他們挑戰單打,勝了他們,忒拜人派五十個武裝的人埋伏著等候他回去,他把他們都殺了,單剩下邁翁一人,隨後回到軍中。

六　阿耳戈斯人全副武裝了逼近城牆去,那裡有七個城門,阿德剌斯托斯駐在荷摩勒門,卡帕紐斯在俄古癸亞

第六章

門，安菲阿剌俄斯在普洛托斯門，希波墨冬在翁卡伊達門，波呂涅刻斯在許普西斯忒門，帕耳忒諾派俄斯在厄勒克特拉門，堤丟斯在克瑞尼斯門。厄忒俄克勒斯也將忒拜人武裝了，派定同樣數目的首領，整列成陣，詢問占卜怎樣可以克敵。

七　在忒拜人那邊有一個占卜者忒瑞西阿斯，是歐厄瑞斯與神女卡里克羅的兒子，那斯帕耳托伊人烏代俄斯的一族，他是瞎了眼的。關於他的殘廢與占卜有些不同的傳說。因為有人說他是被諸神所弄瞎的，為了他將他們所想隱藏的事情告訴給人們，但菲勒庫得斯說乃是被雅典那所弄瞎，因為卡里克羅與雅典那很是要好，（忒瑞西阿斯遇著她）看見她全體裸露，她用兩手遮了他的眼睛，使他成了殘廢。卡里克羅請她回復他的視力，她不能做到，但給他清除耳朵，使他能懂得鳥類一切的聲音，又給他一根山茱萸的杖，他拿了可以同亮眼的一樣地走路。但赫西俄多斯說，他在庫勒涅山上看見蛇在交尾，他傷了它們，便從男人變成一個女人，但又看見那蛇在交尾的時候，他變為男人了。因此在赫拉與宙斯爭辯，交會中女人還是男人更多快樂的時候，叫他來判決這事。他說關於交會如分作十分，男人享受一分，女人享受九分。赫拉於是將他弄瞎了，但宙斯給了他占卜之術。

163

忒瑞西阿斯對宙斯與赫拉所說的話：

「十分中男人享受了一分，

但是女人享受了整十分在她心裡。」

他又活到很大年紀。

忒拜人請他占卜的時候，他說他們可以得勝，假如克瑞翁的兒子墨涅叩斯肯將自己作為犧牲獻給阿瑞斯。克瑞翁的兒子墨涅叩斯聽了這話，在城門前自己殺死了。但是開仗之後，卡德墨亞人都被追趕到了城牆下，卡帕紐斯抓了一個梯子，正爬上城去，宙斯用一個霹靂打了他。這事一起，阿耳戈斯人轉身奔逃了。

八　因這一仗死了許多的人，雙方軍隊決定，關於王位問題，由厄忒俄克勒斯與波呂涅刻斯來對打一陣，乃彼此互相殺死了。在別一個惡戰中，阿斯塔科斯的兒子們打得很勇猛，因為伊斯瑪洛斯殺了希波墨冬，勒阿得斯殺了厄忒俄克勒斯，安菲多科斯殺了帕耳忒諾派俄斯。但是尤里比底斯說，帕耳忒諾派俄斯乃是被波塞頓的兒子珀里克呂墨諾斯所殺。阿斯塔科斯的其餘的一個兒子墨拉尼波斯使堤丟斯在肚子上受了傷。他半死躺著的時候，雅典那拿了從宙斯討來的藥，想用了這個使得他長生不死。但安菲阿剌俄斯怨恨堤丟斯，因為他反對自己的計畫，勸說阿耳

戈斯人來攻打忒拜，所以看見女神走來，他割下墨拉尼波斯的頭來，給了堤丟斯，他雖是受了傷，卻把敵人殺了。堤丟斯劈開頭來，把腦子吃了下去，雅典那見了，心裡嫌惡，把那恩惠中止了。安菲阿剌俄斯在伊斯墨諾斯河邊逃走，在珀里克呂墨諾斯將刺傷他的背脊之前，宙斯打下霹靂來使地面裂開，安菲阿剌俄斯連同他的車子和御者巴同，或者說是厄拉托，都隱了下去，宙斯使他成為不死。只有阿德剌斯托斯為他的馬阿里翁所救。那馬是得墨忒耳與波塞頓所生，那時她化形為厄里倪厄斯（怨鬼）而相交會的。

原本第三卷

第七章

一　克瑞翁繼承了忒拜的王位，把阿耳戈斯的死人都拋棄不葬，發出布告說，不許人埋葬他們，叫人看守著。但是伊底帕斯的一個女兒安提戈涅偷去了波呂涅刻斯的屍體，祕密地掩埋了，這事被克瑞翁自己所發見，她被活埋在墳墓裡了。阿德剌斯托斯逃往雅典，躲在慈悲神女的神壇下，上面放著乞援的（橄欖樹）枝，請求他們埋葬那些死者。雅典人與忒修斯前往，占了忒拜，把死者交與他們的親屬去埋葬。卡帕紐斯的火葬堆在燒著的時候，他的妻子歐亞德涅是伊菲斯的女兒，自投其上，和他一起燒完了。

二　十年之後，那些死亡者的兒子們，稱作厄庇戈諾伊的（意云後生們），準備往徵忒拜，報他們父親的仇，他們詢問占卜，神預告他們由阿爾克邁翁率領可以得勝。於是阿爾克邁翁加入出征，雖然他在懲罰了他母親之前不想去統率軍隊，因為厄里皮勒從波呂涅刻斯的兒子忒耳珊德洛斯收受了那長袍，她又勸她的兒子前去出征。他們選定阿爾克邁翁為首領之後，便去攻打忒拜。出征的人是，安菲阿剌俄斯的兒子阿爾克邁翁與安菲洛科斯，阿德剌斯

托斯的兒子埃癸阿琉斯，堤丟斯的兒子狄俄墨得斯，帕耳忒諾派俄斯的兒子普洛瑪科斯，卡帕紐斯的兒子斯忒涅羅斯，波呂涅刻斯的兒子忒耳珊德洛斯，墨喀斯透斯的兒子歐律阿羅斯。

三　他們先毀滅了周圍的村莊，後來忒拜人上前來的時候，由厄忒俄克勒斯的兒子拉俄達瑪斯率引了，打得很是勇猛，拉俄達瑪斯殺了埃癸阿琉斯，但阿爾克邁翁也將拉俄達瑪斯殺了。在他死了之後，忒拜人都逃進城牆裡去了。但是忒瑞西阿斯告訴他們派使者去與阿耳戈斯人講和，自己卻都逃走，他們乃派使者往敵人那邊去，自己則將小孩與女人們載在大車上，從城裡逃出去了。他們於夜間到了叫做提爾浦薩的水泉那裡，忒瑞西阿斯從那裡喝了水，就絕命了。忒拜人走了很遠之後，建築赫斯提埃亞城，就在那地方住下。

四　阿耳戈斯人後來知道了忒拜人逃走的事，走進城去，蒐集了戰利品，把城牆拆毀了。但是他們將戰利品的一部分送往得爾福給阿波隆以及忒瑞西阿斯的女兒曼托，因為他們曾立誓說，假如取了忒拜，他們將以掠物中最美的物事貢獻給他。

五　在攻取了忒拜之後，阿爾克邁翁知道了他的母親厄里皮勒又受了賄賂不利於他，更為氣憤，應了阿波隆給

他的乩示,殺了他的母親。有人說他殺厄里皮勒是同了他的兄弟安菲洛科斯,但或者說是他獨自一人。但是阿爾克邁翁因了殺害他的母親,為厄里倪厄斯所逐,發了風狂,他先到阿耳卡狄亞找俄克勒斯,又從那裡往普索菲斯找斐勾斯去。由斐勾斯給他祓除了,他娶了他的女兒阿耳西諾厄,將項圈與長袍給了她。但是後來為了他的緣故土地沒有收成,神在乩示中叫他往阿刻羅俄斯去,在河邊再受一次試驗。他首先往卡呂冬到俄紐斯那裡,受到他的款待,隨後往忒斯普洛提斯人的地方去,卻被驅逐出境來。末後他到阿刻羅俄斯的水源那裡,由他予以祓除,娶了他的女兒卡利洛厄,而且將阿刻羅俄斯沖積所成的地方去移殖,住下在那裡。但是後來卡利洛厄想要那項圈與長袍,說假如不得到那個,她將不再與他同居,阿爾克邁翁於是跑到普索菲斯去,告訴斐勾斯說,據乩示所說,他把項圈與長袍拿到得爾福去,把這捐獻了,他的風狂可以免除。斐勾斯相信了,把這都給了他。但是一個僕人洩露出去,說他是拿這去給卡利洛厄的,由斐勾斯下令,斐勾斯的兒子們去埋伏著,將他殺了。阿耳西諾厄責備他們,斐勾斯的兒子們將她放在一個箱子裡,帶到忒革亞,給了阿伽珀諾耳當奴隸去,誣陷她殺了阿爾克邁翁。

六　卡利洛厄知道了阿爾克邁翁的死亡,又因宙斯和

第七章

她親近，乃請求將她與阿爾克邁翁所生的兒子們長成起來，可以去報他們父親被殺之仇。那兒子們忽然地都長成了，出發給父親報仇去了。那時斐勾斯的兒子們普洛諾俄斯與阿耳諾耳拿了項圈與長袍往得爾福去捐獻，在阿伽珀諾耳的家裡住宿，同時阿爾克邁翁的兒子們安福忒洛斯與阿卡耳南也到來了，阿爾克邁翁的兒子們殺了謀害他們父親的人，又到普索菲斯，走進宮裡去，殺了斐勾斯和他的妻子。他們被追趕直到忒革亞，但因有忒革亞人和有些阿耳戈斯人的搭救，因而得免，普索菲斯人轉身逃走了。他們把這些告訴了他們的母親，走到得爾福，將項圈與長袍捐獻上去，依了阿刻羅俄斯的吩咐。於是他們到了厄珀洛斯，招集住民，建設了阿卡耳那尼亞。

七　但是尤里比底斯說，阿爾克邁翁在瘋狂的時候因了忒瑞西阿斯的女兒曼托生有兩個小孩，安菲洛科斯與女兒提西福涅，他將嬰孩帶到科王托斯，交給科王托斯王克瑞翁養育他們，因為提西福涅長得非常齊整，被克瑞翁的妻子賣作奴隸，為的怕得克瑞翁會要她做正妻。但是阿爾克邁翁買得了她，當作婢女留著，不知道是他自己的女兒，他到科王托斯去要回他的小孩，也就得到了他的兒子。安菲洛科斯依了阿波隆的占示，建設了安菲洛科斯的阿耳戈斯。

原本第三卷

第八章

一　我們現在回到珀拉斯戈斯來，據俄枯西拉俄斯說是宙斯與尼俄柏的兒子，如我們所推想的，但赫西俄多斯說他乃是地生子。他與俄刻阿諾斯的女兒墨利玻亞，或如別人說是神女庫勒涅，生有兒子呂卡翁，他為阿耳卡狄亞人的王，因了許多妻子生有五十個兒子，即是墨賴紐斯，忒斯普洛托斯，赫利克斯，倪克提摩斯，剖刻提俄斯，考孔，墨喀斯托斯，荷普琉斯，瑪卡柔斯，瑪刻德諾斯，荷洛斯，波利科斯，阿孔忒斯，歐埃蒙，安庫俄耳，阿耳刻巴忒斯，卡耳忒戎，埃該翁，帕拉斯，歐蒙，卡涅托斯，普洛托俄斯，利諾斯，科瑞托，邁那洛斯，忒勒波阿斯，費西俄斯，法索斯，佛提俄斯，呂喀阿斯，哈利斐洛斯，革涅托耳，蒲科利翁，索克琉斯，菲紐斯，歐墨忒斯，哈耳帕琉斯，波耳透斯，普拉同，哈摩，庫奈托斯，勒翁，哈耳帕呂科斯，赫賴歐斯，提塔那斯，曼提紐斯，克勒托耳，斯廷法羅斯，俄耳科墨諾斯。他們都傲慢，不敬於神，超過一切的人。宙斯想要試驗他們的不敬，變形為僱工男子，來到那裡。他們給他款待，由於長兄邁那洛斯的

主使,殺了土著的一個小孩,將他的內臟與犧牲品相混雜,放在他前面。但是宙斯大為嫌惡,把桌子翻了,在那地方現在仍叫做特剌珀左斯(特剌珀匝意云桌子),用霹靂打了呂卡翁和他的兒子們,除了最小的倪克提摩斯,因為伽亞趕快抓住了宙斯的右手,息了他的怒氣。

二　倪克提摩斯繼承了王位,那時出現了丟卡利翁時代的洪水,有人說這是由於呂卡翁的兒子們的不敬所致。但歐墨羅斯和別人說,呂卡翁還有一個女兒卡利斯托,雖然赫西俄多斯說她是一個神女,阿西俄斯說是倪克透斯的女兒,菲勒庫得斯則說是刻透斯的女兒。她是阿耳忒彌斯的打獵的女伴,穿著同樣的服裝,對她立誓永為處女。宙斯愛上了她,有人說變形為阿耳忒彌斯,別的說是阿波隆,違反她的本意與她同床了,想要瞞過赫拉,又將她變成了一頭熊。但是赫拉勸說阿耳忒彌斯把她當作野獸射死了。可是有人說,阿耳忒彌斯射死她,因為她不守住她的童貞。卡利斯托死了的時候,宙斯把嬰孩搶了去,交給邁亞在阿耳卡狄亞養育著,叫他作阿耳卡斯,又將卡利斯托變作一顆星,叫做阿耳克托斯(即大熊星)。

原本第三卷

第九章

一　阿耳卡斯與阿密克拉斯的女兒勒亞涅拉,或是克洛孔的女兒墨伽涅拉,或如歐墨羅斯所說是神女克律索珀勒亞,生有兒子厄拉托斯與阿菲達斯。他們分配了土地,但厄拉托斯有著一切的權力,他與喀倪剌斯的女兒拉俄狄刻生有斯廷法羅斯與珀柔斯,阿菲達斯生有兒子阿勒俄斯,女兒斯忒涅玻亞,她嫁給了普洛托斯。阿勒俄斯與珀柔斯的女兒涅埃拉生有女兒奧革,兒子刻甫斯與呂枯耳戈斯。奧革為赫剌克勒斯所汙辱,將她的嬰孩隱藏在雅典那的廟境內,她那時任著女祭司之職。但是土地長是沒有收成,乩示指出在雅典那廟境有瀆神不敬的事,她被她父親所發覺,交給瑙普利俄斯去處死,密西亞的君主透特剌斯從他那邊得去,就娶了她為妻。但那嬰孩被棄置在帕耳忒尼俄斯山上,為一隻母鹿所乳哺,因此叫做忒勒福斯,經科律托斯的牧人們養育大了,他走到得爾福去詢問關於他父母的事,從神得了指示,他往密西亞去,做了透特剌斯的養子,在他死後繼承了王位。

二　呂枯耳戈斯與克勒俄費勒或是歐律諾墨生有兒子安開俄斯,厄皮科斯,安菲達瑪斯與伊阿索斯。安菲達瑪斯

第九章

有兒子墨拉尼翁，女兒安提瑪刻，她嫁給了歐律斯透斯。伊阿索斯與密倪阿斯的女兒克呂墨涅生有女兒阿塔蘭忒。這阿塔蘭忒因為她的父親想要男孩，將她棄捨了，一隻母熊常去給她乳喝，直到後來獵人們發見了她，養育在他們中間。阿塔蘭忒長大了的時候，她守住她的童貞，在荒野打獵，常帶了武器停留在那裡。有肯陶洛斯洛科斯與許萊俄斯想要強汙她，但都被她射死了。她曾同了英豪們去獵過卡呂冬的野豬，又在紀念珀利阿斯的競技大會中，她同珀琉斯角力得了勝。後來她找著了她的父母，但是在父親勸她結婚的時候，她走到一處賽跑場似的地方，在中央立了一根三肘高的木椿，她叫求婚的人從那裡出發在她前面跑，她自己拿了武器跟著，假如被追上了，他應當受死，若是追不上，便當結婚。在許多人已經滅亡了之後，墨拉尼翁愛上了她，前來競走，他從阿芙蘿黛蒂那裡帶了金蘋果來，在被追時拋了下去，她去拾那拋下的東西，因此跑輸了。於是墨拉尼翁娶了她。據說有一回出去打獵，他們走進了宙斯的廟境，在那裡交會了，便被變成了兩隻獅子。但赫西俄多斯和別的些人說，阿塔蘭忒並非伊阿索斯的女兒，卻是斯科紐斯的，尤里比底斯則說她是邁那洛斯的女兒，她的配偶也不是墨拉尼翁而是希波墨涅斯。阿塔蘭忒與墨拉尼翁或與阿瑞斯，生了帕耳忒諾派俄斯，他曾去攻忒拜。

原本第三卷

第十章

一　阿特拉斯與俄刻阿諾斯的女兒普勒伊俄涅生了七個女兒，叫做普勒伊阿得斯，在阿耳卡狄亞的庫勒涅地方，即是阿耳庫俄涅，墨洛珀，刻萊諾，厄勒克特拉，斯忒洛珀，塔宇革忒與邁亞。她們中間，俄諾瑪俄斯娶了斯忒洛珀，西緒福斯娶了墨洛珀。波塞頓與她們中的兩人有關係，先與刻萊諾，因了她生有呂科斯，波塞頓使他住在福人島上，復次與阿耳庫俄涅，她生了女兒埃圖薩，即與阿波隆生了厄琉忒耳的，又有兒子許利歐斯與許珀瑞諾耳。許利歐斯與神女克羅尼厄生了倪克透斯與呂科斯，呂科斯與坡律克索生了安提俄珀，安提俄珀與宙斯生了仄托斯與安菲翁。宙斯與阿特拉斯的其餘的女兒也交會了。

二　最長的邁亞與宙斯交會之後，在庫勒涅的山洞內生了赫耳墨斯。他裹了襁褓，躺在一個播箕上面，卻溜了出去，走到庇厄里亞山上，偷走了阿波隆所牧養的牛群。為得免於從腳跡上被破獲了，他在它們腳上都給著了鞋子，帶到皮洛斯地方，把其他的牛隱藏在洞穴內，卻拿了兩頭來祭獻了，將牛皮釘在岩石上，肉有些他煮熟吃了，

有些燒了。他於是趕快地走到庫勒涅去。在山洞前面他發見一個烏龜在覓食。他把它挖乾淨了,將從他所祭獻的牛得來的索子穿在殼上,製成了一張豎琴,又發明了一個撥。但是阿波隆來到皮洛斯找尋牛群,詢問居民。他們說曾經看見一個小兒趕著牛,但是說不出是趕到那一方面去的,因為他們不能找著腳跡。阿波隆憑了占卜查出了那竊賊,他走到庫勒涅找邁亞去,告發赫耳墨斯。但是她將在襁褓裡的小兒給他看。於是赫耳墨斯帶他到了宙斯那裡,討還他的牛群。宙斯叫他歸還,他卻賴掉了,但是宙斯不相信,他乃引了赫耳墨斯到皮洛斯山,把牛還了他。可是阿波隆聽到了豎琴,他將牛同它交換了。赫耳墨斯牧養著牛群,又製造了一枝編簫,自己吹著。阿波隆也想要那簫,把他牧牛時候所用的金竿給了他。可是赫耳墨斯想用那簫換得牧竿和占卜術。於是他給了簫,學得用石子占卜的方法。宙斯任命他為他自己與地下諸神的使者。

三　塔宇革忒因了宙斯生有兒子拉刻代蒙,那拉刻代蒙地方就以他為名。拉刻代蒙(他是地生子勒勒克斯與海洋神女克勒俄卡里亞的兒子)與斯帕耳忒,歐洛塔斯的女兒,生有兒子阿密克拉斯,和女兒歐律狄刻,她嫁給了阿克里西俄斯。阿密克拉斯與拉庇托斯的女兒狄俄墨得生了兒子庫諾耳忒斯與許阿鏗托斯。據說這許阿鏗托斯為阿波隆所愛,

無意中因投鐵環把他打死了。庫諾耳忒斯的兒子珀里厄瑞斯娶了珀耳修斯的女兒戈耳戈福涅，如斯忒西科洛斯所說，生了廷達瑞俄斯，伊卡里俄斯，阿法柔斯，琉喀波斯。阿法柔斯與俄巴羅斯的女兒阿瑞涅生了兒子林叩斯，伊達斯與珀索斯，但據許多人說，伊達斯乃是波塞頓所生的。林叩斯眼力勝人，至於能看見地底下的東西。琉喀波斯生有女兒希拉厄拉與福珀，她們為狄俄斯枯洛伊所搶去，嫁了他們。在她們之外，琉喀波斯生了阿耳西諾厄，阿波隆與她交會了，她生了阿斯克勒庇俄斯。但有人說阿斯克勒庇俄斯並非琉喀波斯的女兒阿耳西諾厄所出，乃是在忒薩利亞的佛勒古阿斯的女兒科洛尼斯所生的。他們說阿波隆愛上了她，立即和她交會了，但是她違背了她父親的意思，選中了開紐斯的兄弟伊斯庫斯，和他同居。阿波隆詛咒帶來這消息的大鴉，使它變黑，這以前原是白色的，他殺了科洛尼斯。在她火化的時候，他從火堆上抓起那嬰孩，帶到肯陶洛斯刻戎那裡，由他養育，教給醫療與打獵的技術。他成為一個醫師，大規模地使用他的技術，不但阻止人死去，還把死人救活過來，因為他從雅典那得來由戈耳戈的血管中流出的血，他用從左邊血管流出的血以死人，用從右邊的以救人，因了這個他救活了死人。我查到些人據說是被他所救活的，即是卡帕紐斯與呂枯耳戈斯，如斯忒西科洛斯在《厄里皮勒》中所說，希波呂

第十章

托斯，如《瑙帕克提卡》的著者所說，廷達瑞俄斯，如帕倪阿西斯所說，許墨奈俄斯，如奧菲斯教派人所說，彌諾斯的兒子格勞科斯，如墨勒薩戈拉斯所說。

四　但是宙斯怕得人們會從他學得醫術，以至互相救助，就用霹靂打了他。阿波隆因此生氣，殺了那些給宙斯製造霹靂棒的庫克羅普斯。但是宙斯要把他扔進塔耳塔洛斯裡去，經勒托說情，乃命令去給人服役一年。他於是到了斐賴，斐瑞斯的兒子阿德墨托斯那裡，當作牧人給他服役，使得一切的母牛都生了雙生。

但有人說，阿法柔斯與琉喀波斯是埃俄羅斯的兒子珀里厄瑞斯的兒子，庫諾耳忒斯生了珀里厄瑞斯，珀里厄瑞斯生了俄巴羅斯，俄巴羅斯與海洋神女巴忒亞生了廷達瑞俄斯，希波科翁與伊卡里俄斯。

五　希波科翁生有兒子陀律克琉斯，斯開俄斯，厄那洛福洛斯，歐提刻斯，蒲科洛斯，呂開托斯，忒布洛斯，希波托俄斯，歐律托斯，希波科律斯忒斯，阿耳喀諾斯，阿爾孔。希波科翁同了這些兒子們將伊卡里俄斯與廷達瑞俄斯驅逐出了拉刻代蒙。他們逃到忒斯提俄斯那裡去，與他聯合去同鄰邦作戰，廷達瑞俄斯娶了忒斯提俄斯的女兒勒達。但是後來赫剌克勒斯殺了希波科翁和他的兒子的時候，他們回去了，廷達瑞俄斯繼承了王位。

六　伊卡里俄斯與海洋神女珀里波亞生有兒子托阿斯，達瑪西波斯，伊繆西摩斯，阿勒忒斯，珀里勒俄斯，女兒珀涅羅珀，嫁給了俄底修斯。廷達瑞俄斯與勒達生有女兒提曼德拉，嫁給了厄刻摩斯，克呂泰涅斯特拉，嫁給了阿加曼農，還有菲羅諾厄，阿耳忒彌斯使得她成為不死。

七　但是宙斯變形為天鵝與勒達交會，同夜廷達瑞俄斯也和她交會了，她給宙斯生了波呂丟刻斯與海倫，給廷達瑞俄斯生了卡斯托耳與克呂泰涅斯特拉。但有人說海倫是涅墨西斯與宙斯所生的，因為她逃避宙斯的追求，變形為母鵝，宙斯卻變成一隻天鵝，與她交會，因了這交合她生下一個蛋來，有牧人在樹林裡找到了，拿去給了勒達，也就放在箱子裡留著，到了相當時期海倫生了出來，勒達養育她當作她自己的女兒。她長成得非常美麗，忒修斯搶了她，帶到阿菲德奈去。但是忒修斯在冥土的時候，波呂丟刻斯與卡斯托耳往攻阿菲德奈，占了那城，得到海倫，把忒修斯的母親埃特拉當作俘虜帶了去。

八　希臘的國王們都跑到斯巴達去，向海倫求婚。那些求婚者是，拉厄耳忒斯的兒子俄底修斯，堤丟斯的兒子狄俄墨得斯，涅斯托耳的兒子安提羅科斯，安開俄斯的兒子阿枷珀諾耳，卡帕紐斯的兒子斯忒涅羅斯，克忒阿托斯

第十章

的兒子安菲瑪科斯，歐律托斯的兒子塔爾庇俄斯，菲琉斯的兒子墨革斯，安菲阿剌俄斯的兒子安菲洛科斯，珀忒俄斯的兒子墨涅斯透斯，伊菲托斯的兒子斯刻狄俄斯與厄庇斯特洛福斯，阿伽斯忒涅斯的兒子波呂克塞諾斯，希帕爾喀摩斯的兒子珀涅勒俄斯，阿勒克托耳的兒子勒托斯，俄琉斯的兒子埃阿斯，阿瑞斯的兒子阿斯卡拉福斯與伊阿爾墨諾斯，卡耳科冬的兒子厄勒珀諾耳，阿德墨托斯的兒子歐墨羅斯，珀里托俄斯的兒子波呂波忒斯，科洛諾斯的兒子勒翁透斯，阿斯克勒庇俄斯的兒子波達勒里俄斯與瑪卡翁，波阿斯的兒子菲羅克忒忒斯，歐埃蒙的兒子歐律菲洛斯，伊菲克勒斯的兒子普洛忒西拉俄斯，阿特柔斯的兒子墨涅拉俄斯，忒拉蒙的兒子埃阿斯與透克洛斯，墨諾提俄斯的兒子帕特洛克羅斯。

九　廷達瑞俄斯見有這許多人，恐怕如選中了一人，其他的人會起爭執，但是俄底修斯答應他說，假如他肯幫助他向珀涅羅珀求到婚，他將想出一個方法，使得沒有什麼爭執。廷達瑞俄斯應許幫助他，俄底修斯乃教他使求婚者都立下誓，假如選中的新郎因了他的婚姻而受到什麼欺侮，他們都要去幫助他。廷達瑞俄斯聽了這話，叫求婚者都起了誓，他選取墨涅拉俄斯作為新郎，也叫伊卡里俄斯將珀涅羅珀許給了俄底修斯。

第十一章

一　墨涅拉俄斯因了海倫生有女兒赫耳彌俄涅，又據有人說，兒子尼科斯特剌托斯，因了女奴埃托利斯人庇厄里斯，或據俄枯西拉俄斯說，因了忒瑞伊斯，生有兒子墨伽彭忒斯，因了神女克諾西亞，或據歐墨羅斯說，生有兒子克塞諾達摩斯。

二　勒達所生的二子中，卡斯托耳練習戰術，波呂丟刻斯則練習拳術，因為他們的英俊二人被稱為狄俄斯枯洛伊，即云宙斯的兒子們。他們想要娶琉喀波斯的女兒們，乃把她們從墨塞涅搶去，娶了她們，在波呂丟刻斯與福柏之間生了謨涅西琉斯，卡斯托耳與希拉厄拉之間生了阿諾工。他們會同阿法柔斯的兒子伊達斯與林叩斯從阿耳卡狄亞掠得了牛群，叫伊達斯分配這掠物。他把一頭牛切作四份，說掠物的一半應該歸於先將他的一份吃了的人，其餘歸於吃那第二份的。在他們正在茫然的時候，伊達斯先吃了自己的一份，又吃了他兄弟的，隨後把掠得的牛群趕到墨塞涅去了。但是狄俄斯枯洛伊去攻打墨塞涅，將那些掠得的以及許多別的牛群都趕走了。他們埋伏著等伊達斯和

第十一章

林叩斯。但是林叩斯發見了卡斯托耳,告訴伊達斯,伊達斯乃把他殺了。波呂丟刻斯追趕他們,投過槍去殺了林叩斯,但是追趕伊達斯的時候,被他的一塊石頭打傷了頭,昏暈跌倒了。宙斯用霹靂打了伊達斯,卻把波呂丟刻斯帶到天上去。但是波呂丟刻斯因為卡斯托耳死了,不願自己單獨不死,宙斯乃允許他們兩人隔日地留在神人與凡人的中間。狄俄斯枯洛伊轉移到諸神那裡之後,廷達瑞俄斯將墨涅拉俄斯叫到斯巴達來,把王位交給他。

第十二章

一　阿特拉斯的女兒厄勒克特拉與宙斯生有兒子伊阿西翁與達耳達諾斯。伊阿西翁卻愛上了得墨忒耳，想要汙辱那女神，被霹靂打了，達耳達諾斯悲痛他兄弟的死，離去薩摩特剌刻，來到對岸的大陸上。那地方是由透克洛斯統治，是斯卡曼德洛斯河與神女伊達亞的兒子，居民便因了他稱為透克洛伊人。他受這國王的款待，得到一份國土和國王的女兒巴忒亞為妻，他建立城市達耳達諾斯，及透克洛斯死後，他便將全國叫做達耳達尼亞。

二　他生有兒子伊羅斯與厄里克托尼俄斯，伊羅斯無子女而死，厄里克托尼俄斯乃繼承王位，娶了西摩厄斯的女兒阿斯堤俄刻，生有一子特洛斯。他繼承王位之後，把國土因了他叫做特洛亞，娶了斯卡曼德洛斯的女兒卡利洛厄，生有女兒克勒俄帕特拉，兒子伊羅斯，阿薩剌科斯與蓋尼米德。這蓋尼米德因為他的美麗，宙斯用了鷹來將他攫去，任命他在天下為諸神的斟酒者。阿薩剌科斯與西摩厄斯的女兒希厄戎涅墨生有兒子卡皮斯，卡皮斯與伊羅斯的女兒忒彌斯忒生有兒子安喀塞斯，阿芙蘿黛蒂與他有

情,和他交會了,生有埃涅阿斯與呂洛斯,呂洛斯無子女而死了。

三　伊羅斯來到佛呂癸亞地方,遇見國王所設的競技大會,他在角力上得了勝,得到五十個童男與同數的童女以為獎賞,國王又依了乩示,給他一頭斑牛,叫他在那母牛臥倒的地方建立城市,他便跟了牛去。她走到現今叫做佛呂癸亞的阿忒山那地方,就臥倒了,伊羅斯在那裡建立城市,叫做伊利翁,又對宙斯禱告,請對他顯示什麼徵兆,他在白天看見那帕拉狄翁即帕拉斯像,從空中落下來,倒在他的帳篷前面。這有三肘長,腳並在一起,在右手舉起一支槍,別隻手裡拿著紡竿和紡錘。

關於這帕拉狄翁的故事是如此說的。他們說雅典那生下來之後,養育在特里同那裡,他有一個女兒帕拉斯,這兩個女孩都練習戰術,有一天她們發生了衝突,帕拉斯正要打下去的時候,宙斯發了慌拿埃癸斯去間隔,帕拉斯出驚舉起頭來看,便為雅典那所傷而跌倒了。雅典那為了她很是悲傷,乃做了一個她的木像,將她所怕的那埃癸斯纏在胸前,放在宙斯的旁邊加以敬禮。但是後來厄勒克特拉在她被汙的時候躲在這底下,宙斯就把帕拉狄翁同阿忒一起拋下到伊利翁地方去,伊羅斯給它造了一所廟宇,加以敬禮。關於帕拉狄翁的事便是這樣說的。

伊羅斯娶了阿德剌斯托斯的女兒歐律狄刻，生了拉俄墨冬，他娶了斯卡曼德洛斯的女兒斯特律摩，但據有人說是阿特柔斯的女兒普拉喀亞，又據別人說是琉喀珀，生有兒子提托諾斯，蘭波斯，克呂提俄斯，希刻塔翁與波達耳刻斯，女兒赫西俄涅，喀拉與阿斯提俄刻，又因了神女卡呂柏生有兒子蒲科利翁。

四　厄俄斯因為愛提托諾斯，將他搶去，帶到埃提俄庇亞，在那裡和他交會，生了兒子厄瑪提翁與門農。

五　在伊利翁為赫剌克勒斯所占領之後，如我們剛在以前講過，波達耳刻斯即是被叫做普里阿摩斯的，做了國王，最初娶了墨洛普斯的女兒阿里斯柏，因了她生有兒子埃薩科斯，他娶了刻布王的女兒阿斯忒洛珀，在她死了的時候他很悲悼，乃化為鳥。但是普里阿摩斯把阿里斯柏給了許耳塔科斯，再娶了底瑪斯的女兒赫卡柏，或如有人說是喀修斯，又或如別人說是珊伽里俄斯河與墨托珀的女兒。她最初所生的是赫克托耳，第二個嬰孩將生的時候，赫卡柏夢見她生了一根著火的木柴，那火延及全城，都燒掉了。普里阿摩斯從赫卡柏知道了這夢，叫他的兒子埃薩科斯來，因為他是占夢的人，從他的外祖父墨洛普斯學來的。他說那生下來的小孩將為本國的災禍，勸告他把這嬰孩去棄置了。那嬰孩生了的時候，普里阿摩斯交給一個家

第十二章

人拿去棄置在伊忒山上,這家人名叫阿革拉俄斯。這嬰孩被他所棄置之後,在五天裡為一隻母熊所飼養,他看見他安全無恙,便拾起來,帶到他的鄉間去,當作他自己的小孩養育,叫他名為帕里斯。他長成為青年的時候,容貌與力氣都超過眾人,後來被稱作阿勒克珊德洛斯,因為他打退強人們,救助牛群。其後不久他找到了他的父母。

在他之後,赫卡柏生了女兒克瑞烏薩,拉俄狄刻,坡呂克塞那與卡珊德拉。阿波隆想要與卡珊德拉交會,應許教給她占卜術,她學會了,可是不和他交會,於是阿波隆奪去了她占卜的使人信用的力量。其後赫卡柏生有兒子,得福玻斯,赫勒諾斯,潘蒙,波利忒斯,安提福斯,希波諾俄斯,坡呂多洛斯,特洛羅斯,這人據說乃是阿波隆所生的。

普里阿摩斯因了別的女人們生有兒子,墨拉尼波斯,戈耳古提翁,菲萊蒙,希波托俄斯,格勞科斯,阿伽同,革耳西達瑪斯,歐阿戈拉斯,希波達瑪斯,墨斯托耳,阿塔斯,陀律克羅斯,呂卡翁,德律俄普斯,比阿斯,克洛彌俄斯,阿斯堤戈諾斯,忒勒塔斯,歐安德洛斯,刻布里俄涅斯,密利俄斯,阿耳革瑪科斯,拉阿多科斯,厄刻佛戎,伊多墨紐斯,許珀利翁,阿斯卡尼俄斯,得摩科翁,阿瑞托斯,得俄庇忒斯,克羅尼俄斯,厄肯農,許珀洛科

斯，埃革俄紐斯，呂西托俄斯，坡呂墨冬，又女兒墨杜薩，墨得西卡斯忒，呂西瑪刻，阿里斯托得墨。

六 赫克托耳娶了藹厄提翁的女兒安德洛瑪刻，阿勒克珊德洛斯娶了刻布王河的女兒俄諾涅為妻。她從瑞亞學得占卜之術，曾警告阿勒克珊德洛斯航海去取海倫，但不能勸動他，便告訴他假如受了傷，可去找她，因為只有她能夠醫好他。在他從斯巴達搶去了海倫，特洛亞被圍攻的時候，他被菲羅克忒忒斯用了赫剌克勒斯的弓箭射傷了，乃走到伊忒山去找俄諾涅。但是她懷著舊恨，不肯給他醫治。於是阿勒克珊德洛斯被送回到特洛亞，就死去了。但俄諾涅隨即後悔，帶了醫病的藥劑前去，看見他已死，她自己也上吊死了。

阿索波斯河是俄刻阿諾斯與忒提斯的兒子，或如俄枯西拉俄斯說是珀洛與波塞頓的，又或如別人說乃是宙斯與歐律諾墨的。他娶了墨托珀，她自己也是拉冬河的女兒，生了兩個兒子，伊斯墨諾斯與珀拉工，以及二十個女兒，其中一個是埃癸那，為宙斯所搶去的。阿索波斯去找尋她，來到科王托斯，從西緒福斯得知那搶的乃是宙斯。阿索波斯去追趕宙斯，但宙斯發一霹靂，把他打回到他原來的河流去，因此直到現今在那河流中間可以取出煤來。宙斯把埃癸那帶到那島上，那時名為俄諾涅的，現在因了她

第十二章

叫做埃癸那島,和她交會,由她生了一個兒子埃阿科斯。因為他在島上只是一個人,宙斯乃將螞蟻都變做了人,埃阿科斯娶了斯刻戎的女兒恩得伊斯,由她生了兒子珀琉斯與忒拉蒙。但菲勒庫得斯說忒拉蒙是珀琉斯的朋友,並非他的兄弟,他乃是阿克泰俄斯與庫克柔斯的女兒格勞刻的兒子。後來埃阿科斯與涅羅斯的女兒普薩瑪忒同居,她曾經變形為海豹想避免和他交會,生了一個兒子福科斯。

埃阿科斯乃是最為虔誠的人。因此在希臘為了珀羅普斯的原故而遇到饑荒,原因是他與阿耳卡狄亞人的王斯廷法羅斯打仗,不能征服阿耳卡狄亞,乃假裝作和好,將他殺了,把他肢體四處拋棄,諸神因乩示告知,希臘可以免除現在的災難,假如埃阿科斯給他們禱告。埃阿科斯做了禱告,希臘得免除了饑荒。就是在他死後,埃阿科斯在冥王普路同那裡也被尊敬,他掌管冥土的鎖鑰。

福科斯在競技上材能出眾,他的兄弟珀琉斯與忒拉蒙要謀害他,忒拉蒙拈著了鬮,在一同競技中把鐵環擲中他的頭,將他殺害了,同了珀琉斯把他搬去隱藏在一個樹林中間。但是這殺人的事被發覺了,他們被埃阿科斯逐出了埃癸那做逃亡者去了。

七　忒拉蒙走到薩拉彌斯,去找庫克柔斯,波塞頓與阿索波斯的女兒薩拉彌斯的兒子。他殺了為害這島的一條

187

蛇，成為國王，無子女而死，他把王位交給了忒拉蒙。他娶了珀羅普斯的兒子阿耳卡托斯的女兒珀里玻亞，因為赫剌克勒斯曾禱告願他有一個男孩，在禱告之後有一隻鷹出現，乃叫他的兒子為埃阿斯。他同了赫剌克勒斯去攻特洛亞，得到拉俄墨冬的女兒赫西俄涅作為獎賞，由她生了兒子透克洛斯。

第十三章

一　珀琉斯逃往佛提亞，到阿克托耳的兒子歐律提翁那裡，由他給祓除了，又從他得到了他的女兒安提戈涅，以及三分之一的國土。他有一個女兒坡呂多拉，嫁給了珀里厄瑞斯的兒子玻洛斯。

二　他從那裡同了歐律提翁去獵取卡呂冬的野豬，但是在對著那豬投過槍去時，無意中打中了歐律提翁，將他殺死了。於是他又逃出佛提亞，走到伊阿耳科斯，到阿卡斯托斯那裡，由他給祓除了。

三　在為珀利阿斯而設的競技大會中，他與阿塔蘭忒角過力。阿卡斯托斯的妻阿斯堤達墨亞愛上了珀琉斯，送信給他約會，在她不能說動他的時候，她帶信給他的妻子，說他將要娶阿卡斯托斯的女兒斯忒洛珀為妻，她聽了這話就上吊死了。她又對阿卡斯托斯誣告珀琉斯，說他想要姦汙她。阿卡斯托斯聽了，他不願意殺他所祓除的人，乃領他到珀利翁山裡去打獵。在那裡有一個關於獵獲的比賽，珀琉斯把他所得到的野獸的舌頭割下，都裝進口袋裡，同了阿卡斯托斯去的人將珀琉斯的獵物拿去，卻笑他

獵不到東西。但是他拿出舌頭來給他們看，說他獵得有這麼多。當他在珀利翁山上睡著了的時候，阿卡斯托斯撇下了他，把他的劍隱藏在牛糞裡邊，逕自去了。他起來找尋那劍，為肯陶洛斯們所捉住，將要被害，卻被刻戎所救，他又找到了他的劍，歸還了他。

四　珀琉斯娶了珀里厄瑞斯的女兒坡利多拉，由她生了一個名義上的兒子墨涅斯提俄斯，他乃是斯珀耳刻俄斯河的兒子。

五　後來他娶了涅羅斯的女兒忒提斯，宙斯與波塞頓曾競爭都要娶她，但忒彌斯預言由她所生的兒子將比他父親更是強大，他們便中止了。但有人說，宙斯很想和她同居，普洛墨透斯卻說，由她給他所生的兒子將為天上的君主，別人又說忒提斯不願和宙斯交會，因為她是被赫拉養育大的，宙斯大為生氣，要把她嫁給一個凡人。刻戎於是勸告珀琉斯去捉住她，緊緊抓住，（不管她如何）變化形狀，他乃去伺候著，把她搶了去，雖然她變成火，又變成水，又變成野獸，他總不放，直到他看見她回復了原來的形狀。他在珀利翁山上娶了她，諸神都來那裡宴享歌唱慶祝這婚禮。刻戎給了珀琉斯一支秦皮桿的槍，波塞頓給他（兩匹）馬，巴利俄斯與克珊托斯，那都是不死的。

六　忒提斯因了珀琉斯生下一個嬰孩的時候，她想要

第十三章

使得他不死，瞞過了珀琉斯常在夜間把他藏到火裡去，毀去他從父親得來的凡質，在白天用神漿給他搽擦。珀琉斯窺伺著，看見小孩在火裡掙扎，他叫了起來，忒提斯被妨礙了不能完成她的目的，便拋棄了她幼稚的兒子，走到海洋神女們那裡去了。珀琉斯帶了小孩去給刻戎，他受留了他，用獅子和野豬的內臟，熊的骨髓來飼養他，叫他作阿基里斯（以前他的名字是利古戎），因為他沒有用嘴唇去吃奶。

七　這以後珀琉斯同了伊阿宋和狄俄斯枯洛伊毀滅了伊阿耳科斯，他殺了阿卡斯托斯的妻阿斯堤達墨亞，將她支解了，率領了隊伍從她中間透過走進城去。

八　阿基里斯到了九歲的時候，卡爾卡斯說明沒有他便不能攻下特洛亞。忒提斯預見到假如他去出征便要死在裡邊，便用女人服裝將他隱藏，當作女孩托付給呂科墨得斯。養在宮裡的時候，阿基里斯和呂科墨得斯的女兒得伊達墨亞有了私情，她給他生有兒子皮洛斯，後來叫做涅俄普托勒摩斯。但是俄底修斯到呂科墨得斯那裡來尋找阿基里斯，（他的事情）已被發覺了，用了號角發見了他。這樣地他乃往特洛亞去了。隨從他去的有阿明托耳的兒子福尼克斯。他被他父親弄瞎了，因為他父親的外宅佛提亞誣賴他汙辱她。但珀琉斯帶他到刻戎那裡，由他給醫好了眼

睛，珀琉斯乃立他為多羅庇亞人的王。隨從去的還有墨諾提俄斯與阿卡斯托斯的女兒斯忒涅勒的兒子帕特洛克羅斯，或（云他的母親）是斐瑞斯的女兒珀里俄庇斯，又或如菲羅克剌忒斯說是珀琉斯的女兒坡呂墨勒。在俄浦斯地方因為擲骰子遊戲發生爭論，他打死了安菲達瑪斯的兒子，小孩克勒托倪摩斯，同了他的父親逃走，住在珀琉斯的家裡，成為阿基里斯的契弟。

第十四章

一　刻克洛普斯是地生子，有一個人與蛇合成的身體，是阿提刻最初的國王，那地方從前叫做阿克忒，他因了自己名字改名刻克洛庇亞。據說在他的時代，諸神決意領有城市，在那裡他們想各自承受禮拜。於是波塞頓第一個來到阿提刻，用那三尖叉打在高城的中央，他顯現出海來，現今叫做厄勒克忒伊斯。在他之後來了雅典那，她叫刻克洛普斯來給她做占領的證人，乃種了一棵橄欖樹，這在潘德洛西翁至今還可以見到。但是在他們兩人關於這地方發生爭競的時候，宙斯把他們分開了，任命裁判人，並非如有些人所說是刻克洛普斯與克剌那俄斯，或是厄律西克同，卻是十二位神明。依了他們的判斷，這地方歸了雅典那，因為刻克洛普斯證明她是第一個種了橄欖樹的。雅典那於是用了她的名字稱這城為雅典，波塞頓卻大為氣憤，將水淹了特里亞的平原，使阿提刻浸在海水底下。

二　刻克洛普斯娶了阿克泰俄斯的女兒阿格勞羅斯，生有兒子厄律西克同，他無子女而死，刻克洛普斯又有女兒阿格勞羅斯，赫耳塞，潘德洛索斯。阿格勞羅斯與阿瑞

斯之間又生有一個女兒阿爾喀珀。波塞頓與神女歐律忒的兒子哈利洛提俄斯想要強迫阿爾喀珀，為阿瑞斯所發覺，乃被殺死了。阿瑞斯被波塞頓所控告，在阿瑞俄帕戈斯山下受十二位神明的裁判，終於放免了。

三　赫耳塞與赫耳墨斯之間生有兒子刻法羅斯，厄俄斯愛上了他，把他搶去，到敘利亞和他同居，生了兒子法厄同，他生了阿斯堤諾俄斯，他又生了珊多科斯，他從敘利亞走到喀利喀亞去，建立刻楞得里斯城，娶了許里亞王墨伽薩瑞斯的女兒法耳那刻，生了喀倪剌斯。這人同了些人民來到庫普洛斯，建立帕福斯城，娶了庫普洛斯王皮格瑪利翁的女兒墨塔耳墨，生了俄克緒波洛斯與阿多尼斯，此外有女兒俄耳塞狄刻，拉俄戈瑞與布賴西亞。她們因了阿芙蘿黛蒂的憤怒都與外國男子同居，終生留在埃及。

四　阿多尼斯還是小孩的時候，因了阿耳忒彌斯的憤怒，在打獵中為野豬所觸傷而死。但赫西俄多斯說他乃是福尼克斯與阿耳費西玻亞的兒子，帕倪阿西斯說是敘利亞王忒阿斯的兒子，他有一個女兒斯密耳那。她因為不尊敬阿芙蘿黛蒂，觸了女神的怒，乃對她父親發生愛情，得了保母做幫助，她不給父親知道，和他同床睡了十二夜。但是在他明白了的時候，他拔出劍來追她，她將被追著，乃禱告諸神，願變得看不見，神們哀憐她，乃使她變成一棵

樹，人們稱為斯密耳那（即是沒藥）。十個月以後，那樹裂開，生下被稱為阿多尼斯的「那小兒」來，因為他的美麗，在還是嬰兒的時候，阿芙蘿黛蒂瞞過了神們把他藏在一只箱子裡，托付給波瑟芬妮。但是波瑟芬妮看見了他，不肯再交還。這事在宙斯面前裁決，一年分為三分，一分給阿多尼斯自己留著，一分留在波瑟芬妮那裡，其他便在阿芙蘿黛蒂那裡。但阿多尼斯卻將自己的一分也給了阿芙蘿黛蒂了。後來他在打獵中乃為豬所傷而死。

　　五　刻克洛普斯死了的時候，克剌那俄斯為國王，他是地生人，據說這是在他的時代發生了那丟卡利翁時代的洪水。他娶了一個拉刻代蒙的女人，密涅斯的女兒珀狄阿斯，生了克剌那厄，克剌柰克墨與阿提斯，阿提斯死時還是室女，克剌那俄斯乃把國名叫做阿提斯。

　　六　安菲克堤翁逐出了克剌那俄斯，自為國王，有人說安菲克堤翁是丟卡利翁的兒子，別人又說他乃是地生人，他在王位十二年，為厄里克托尼俄斯所逐。這厄里克托尼俄斯有些人說是赫淮斯托斯與克剌那俄斯的女兒阿提斯的兒子，有些人說是赫淮斯托斯與雅典那的，其事如下：雅典那走到赫淮斯托斯那裡，想要製造兵器。但是他被阿芙蘿黛蒂所遺棄，愛上了雅典那，動手追她，她卻逃走了。他好不容易逼近了她（因為他是跛腳的），想要和她交

會，但她乃是貞潔的處女，不許可他，他就洩精在女神的腿上。她很嫌惡地用羊毛揩去了精液，丟在地上，在她轉身逃走，精液落地的時候，厄里克托尼俄斯就產生了。雅典那把他瞞過了別的神們養育著，想要使得他不死，將他放在一只箱子裡，托付給刻克洛普斯的女兒潘德洛索斯，囑付她不要開這箱子。但是潘德洛索斯的姊妹們因為好奇把這開啟了，看見有一條大蛇蟠繞著那嬰孩，如有些人說，她們便被蛇所除滅，又或如別人所說，因了雅典那的憤怒她們都發了狂，從高城上自己投了下來。厄里克托尼俄斯在雅典那廟境內養大了之後，他逐出了安菲克堤翁，成為雅典國王，他在高城上供奉起雅典那的木像，又設立了潘雅典那亞的祭典，他娶了海洋神女普剌克西忒亞，由她生了兒子潘狄翁。

七 厄里克托尼俄斯死了，葬在雅典那的那廟境內，潘狄翁成為國王，在他的時代，得墨忒耳與狄俄倪索斯來到阿提刻。但是得墨忒耳在厄琉西斯為刻勒俄斯所接待，狄俄倪索斯則為伊卡里俄斯所接待，他從狄俄倪索斯得到一枝蒲桃藤，學得了做酒方法。他想要將神的恩惠施給人間，乃去到幾個牧人那裡，他們嘗了這酒，為了這快樂，乃並不和水，盡量地喝，以為是中了他的迷藥，把他殺害了，到了白天他們清醒了，才將他埋葬了。他的女兒厄里

戈涅在尋找他的父親，馴養的狗名叫邁拉，從前跟隨著伊卡里俄斯的，指示死體給她，她哀悼她父親，自己上吊死了。

　　八　潘狄翁娶了宙克西珀，是他母親的妹子，生了女兒普洛克涅與菲羅墨拉，以及雙生兒子，厄瑞克透斯與蒲忒斯。但是因了邊界問題與拉布達科斯發生了戰事，他從特剌刻去叫了阿瑞斯的兒子忒琉斯來援助，有了他的助力戰爭得了勝，乃把他自己的女兒普洛克涅嫁給子忒琉斯。忒琉斯由她生了一個兒子伊堤斯，愛上了菲羅墨拉，把她誘惑了，說普洛克涅已經死亡，把她去隱藏在鄉間。後來他娶了菲羅墨拉，和她同床，剪去了她的舌頭。但是她在一件長袍上織出文字，因此將她自己的不幸告訴給普洛克涅。在找著了她的妹子之後，她殺了自己的兒子伊堤斯，將他煮熟了，去給不知道的忒琉斯作午飯吃，隨即同了她妹子急速逃走了。忒琉斯得知之後，拿起一把斧來，追趕她們。在福喀斯的道利亞地方被追上了，她們禱告諸神求變為鳥，普洛克涅乃成為夜鶯，菲羅墨拉成為燕子。忒琉斯也被變為鳥，成為戴勝。

197

第十五章

一　潘狄翁死後，他的兒子把祖業分了，厄瑞克透斯得了王位，蒲忒斯則得了雅典那和波塞頓厄里克托尼俄斯的祭司之職。厄瑞克透斯娶了普剌克西忒亞，乃是佛剌西摩斯與刻菲索斯的女兒狄俄革涅亞所生的女兒，生了兒子刻克洛普斯，潘多洛斯與墨提翁，女兒普洛克里斯，克瑞烏薩，克托尼亞，俄瑞堤亞，她為玻勒阿斯所搶去。蒲忒斯娶了克托尼亞，克蘇托斯娶了克瑞烏薩，得翁的兒子刻法羅斯則娶了普洛克里斯。普洛克里斯受了一頂金冠，與普忒勒翁同床，為刻法羅斯所發覺，逃往彌諾斯那裡去。但是他愛上了她，想要和她交會。可是假如女人和彌諾斯交會了，她便不能再活得成，因為彌諾斯與許多女人有關係，帕西法厄對他下了藥，凡是與別的女人同床的時候，他便放出毒蟲在她的關竅裡去，於是她們就結果了。但是彌諾斯有一隻快走的狗和直中的槍，普洛克里斯得到了這些東西，乃把喀耳刻的藥草根給他喝了，使他不會再害她，和他同床了。但是後來因為恐怕彌諾斯的妻子，她來到雅典，與刻法羅斯和解了，同了他出去打獵，因為她是

第十五章

喜歡打獵的。她正在叢林中追逐，刻法羅斯不知道投過槍去，打中普洛克里斯，把她殺害了，在阿瑞俄帕戈斯審判之後，被判了永遠流放。

二　俄瑞堤亞在伊俐落斯河邊遊戲的時候，玻勒阿斯搶走了她，和她交會了，她生了女兒克勒俄帕特拉與喀俄涅，以及有翼的兒子仄忒斯與卡拉伊斯，他們同了伊阿宋航海前去，在追趕哈耳皮埃時死亡，但據俄枯西拉俄斯說，乃是在忒諾斯為赫剌克勒斯所殺的。

三　克勒俄帕特拉嫁給了菲紐斯，生有兒子普勒克西波斯與潘狄翁。他和克勒俄帕特拉生了這些兒子之後，又娶了達耳達諾斯的女兒伊達亞。她對了菲紐斯誣告前妻之子，說他們想汙辱她，菲紐斯相信了她的話，把他們兩人都弄瞎了。但是那些阿耳戈航海者同了玻勒阿斯航行經過的時候，他們懲罰了他。

四　喀俄涅與波塞頓有關係，瞞過了她父親生了歐摩耳波斯，把那嬰孩拋下海裡去，以免被人發見。但是波塞頓拾了起來，帶到埃提俄庇亞，交給他自己與安菲特里忒所生的女兒彭忒西庫墨去養育。在他長成了的時候，彭忒西庫墨的丈夫把他兩個女兒中的一個給他為妻。但是他想強迫他妻子的姊妹，因此被逐，乃同了他的兒子伊斯瑪洛斯到了特剌刻國王忒古里俄斯那裡，忒古里俄斯將他的女

兒嫁給了歐摩耳波斯的兒子。可是後來被發見了他對於忒古里俄斯的陰謀，他逃到厄琉西斯人那裡去，和他們結交。隨後伊斯瑪洛斯死了，他被忒古里俄斯叫回去，同他解除舊怨，繼承了王位。在雅典人與厄琉西斯人之間發生了戰事，他被厄琉西斯人所招，帶了特剌刻的大軍與他們協同作戰。厄瑞克透斯詢問乩示，雅典人如何可以得勝，神答說他們可以戰勝，假如他殺了他的一個女兒。他殺了他最小的女兒，可是其餘的也都自殺了，因為據有些人說，她們中間曾有誓約一同死亡。

五　在這殺人之後發生戰鬥，厄瑞克透斯殺了歐摩耳波斯。但波塞頓毀滅了厄瑞克透斯和他的家，厄瑞克透斯的長子刻克洛普斯繼承為王。他娶了歐帕拉摩斯的女兒墨提阿杜薩，生了潘狄翁。潘狄翁在刻克洛普斯之後繼承為王，被墨提翁的兒子們在暴動中驅逐了出來，走到墨伽拉的皮拉斯那裡，娶了他的女兒皮利亞。後來他還被立為這城的王，因為皮拉斯殺了他父親的兄弟比阿斯，把王位給了潘狄翁，他自己帶了些人民去到珀羅蓬涅索斯，建立了皮羅斯城。潘狄翁在墨伽拉的時候，生有兒子埃勾斯，帕拉斯，尼索斯與呂科斯。但是有人說埃勾斯乃是斯庫里俄斯的兒子，過繼給潘狄翁的。

六　在潘狄翁死後，他的兒子們去進攻雅典，趕走了

第十五章

墨提翁的子姓,把政權分作四分,但是埃勾斯有著整個的權力。他最初娶了荷普勒斯的女兒墨塔,其次娶了瑞克塞諾耳的女兒卡爾喀俄珀。因為他沒有生兒子,他怕懼他的兄弟們,走到皮提亞去,詢問乩示關於生產兒子的事。神回答他道:

「那酒袋的撅出的嘴,你眾人中的英豪呀,

不要解開,在你到了雅典高地之前。」

他不曉得把這乩示怎麼辦,便動身回雅典來了。

七　旅行經過特洛曾,他寄住在珀羅普斯的兒子庇透斯那裡,庇透斯卻懂得乩示的意思,用酒醉了他,叫他的女兒埃特拉和他同睡。但是在那夜裡,波塞頓也接近了她。埃勾斯乃囑咐埃特拉說,假如她生下一個男孩,把他養育著,沒有說是誰的(兒子),他留下一把劍和一雙鞋放一塊岩石底下,說在那小孩能夠將岩石挪開,拿出這些來的時候,那時就打發他拿著出去好了。

但是他自己卻來到雅典,舉行潘雅典那亞祭典的競技大會,在那裡有彌諾斯的兒子安德洛勾斯打勝了一切的人。埃勾斯差遣他去打那瑪剌同的公牛,卻被它殺害了。但有人說,在他旅行往忒拜去參加紀念拉伊俄斯的競技大會的時候,被那些妒忌的競爭者埋伏著所殺害的。這死信

傳到了的時候，彌諾斯正在帕洛斯祭祀美惠神女，他從他頭上擲去花冠，停止了編簫的吹奏，可是仍完成了祭祀，自此以後直到現在他們在帕洛斯祭祀美惠神女都沒有編簫和花冠。

　　八　不久之後，他既成為海上霸主，乃用水師進攻雅典，取了墨伽拉，那時是潘狄翁的兒子尼索斯為國王，他殺了墨伽柔斯，那是希波墨涅斯的兒子，從翁刻斯托斯來幫助尼索斯者。尼索斯也死了，為他的女兒斯庫拉所賣。因為他在頭頂中央有一根紫頭髮，乩示曾說這如拔掉他就要死了，他的女兒斯庫拉愛上彌諾斯，拔去了這頭髮。但是彌諾斯略取了墨伽拉的時候，他把那女子倒掛在船後艄，使她浸在水裡死了。

　　這戰事拖延下去，他不能攻取雅典，乃禱告宙斯，請求對於雅典人取得報復。於是饑荒與疫病降下在這城裡，雅典人最初依從古舊的乩示，把許阿鏗托斯的女兒安忒伊斯，埃格勒伊斯，呂泰亞與俄耳塔亞，在庫克羅普斯革賴斯托斯的墳上殺了，她們的父親許阿鏗托斯從前從拉刻代蒙來，便住在雅典。但是這並無效驗，他們乃去占卜，問解免的方法。神回答他們說，給予彌諾斯以他所要求的報償。他們派人到彌諾斯那裡，讓他要求報償。彌諾斯命令他們將七個童男與同數的童女不帶武器送去給彌諾陶洛斯

作食料。這彌諾陶洛斯是關在一處迷宮裡,走進去的人便不能夠出來,因為「有些綜錯的彎曲,迷失了出路」。這是代達羅斯所造,他是墨提翁的兒子歐摩耳波斯和阿耳喀珀的兒子,因為他是最好的工程師,又是第一個發明造像的人。他從雅典逃走,因為他把他姊妹珀耳狄克斯的兒子達羅斯從高城上扔了下去,達羅斯本是他的學生,代達羅斯看見他用了找著的一根蛇的顎齒在鋸細木條,怕得他的本領會得勝過自己(所以把他害了)。但是那死體被發見了,代達羅斯在阿瑞俄帕戈斯受審判,被判有罪,乃逃到彌諾斯那裡來。在那裡帕西法厄愛上了波塞頓的公牛,他給她幫助,製造木母牛,他又造了迷宮,每年雅典人送七個童男與同數的童女進去,做彌諾陶洛斯的食料。

第十六章

一　埃特拉給埃勾斯生了一個兒子忒修斯,到了他長大了的時候,他把那岩石推開,拿起那劍和鞋來,徒步走向雅典去了。他清除了那為作惡的強人所出沒的道路。第一在厄庇道洛斯他殺了珀里菲忒斯,赫淮斯托斯與安提克勒亞的兒子,因了他拿著的狼牙棒,被人稱為棒師。因為他的腳弱,他拿著一根鐵根棒,便用了這個打死過路的人。這棒忒修斯搶了過去,以後他就用著。

二　第二他殺了西尼斯,是坡呂珀蒙與科王托斯的女兒緒勒亞的兒子。他被人稱為扳松氏,因為他住在科王托斯的伊斯特摩斯,常強迫過路的人扳著松樹,但是他們因為力弱不能扳住,便被樹直丟擲去,悲慘地死了。忒修斯也照這樣殺了西尼斯。

第十六章

國家圖書館出版品預行編目資料

周作人之希臘神話：一窺希臘眾神與英雄傳說的起源 /[希] 阿波羅多洛斯（Apollodorus of Athens）著，周作人 譯 . -- 第一版 . -- 臺北市：複刻文化事業有限公司 , 2024.10
面； 公分
POD 版
ISBN 978-626-7595-00-8(平裝)
1.CST: 希臘神話
284.95   113014517

電子書購買

爽讀 APP

周作人之希臘神話：一窺希臘眾神與英雄傳說的起源

臉書

作　　者：	[希] 阿波羅多洛斯（Apollodorus of Athens）
譯　　者：	周作人
發 行 人：	黃振庭
出 版 者：	複刻文化事業有限公司
發 行 者：	複刻文化事業有限公司
E - m a i l：	sonbookservice@gmail.com
粉 絲 頁：	https://www.facebook.com/sonbookss/
網　　址：	https://sonbook.net/
地　　址：	台北市中正區重慶南路一段 61 號 8 樓
	8F., No.61, Sec. 1, Chongqing S. Rd., Zhongzheng Dist., Taipei City 100, Taiwan
電　　話：	(02) 2370-3310　傳　　真： (02) 2388-1990
印　　刷：	京峯數位服務有限公司
律師顧問：	廣華律師事務所 張珮琦律師

定　　價：299 元
發行日期：2024 年 10 月第一版
◎本書以 POD 印製